U0049380

沉船外貿瓷

張 錯◎著

藝術家

目 次
contents

前言

近代考古學在19世紀中期發軔於歐洲，從地質學的科學研究發展出來，呈現地球的年齡是數十億年，而不是當時普遍認定的幾千年。達爾文出版《物種起源》（*On the Origin of Species*, 1859）概述了他的演化論，最終導致科學家相信人類有數百萬年的歷史，從而提供一個時間限度，可以在其中發展出人類分期進化的研究。人類學是考古學的前身，新石器時代（Neolithic age）概念的產生，銜接入人類進化及文明的建立，從而分支入考古學息息相關的學科，包括藝術史、文化史、歷史、文學史，甚至是比較文化、比較歷史、比較藝術史與比較文學史。當初考古實地調查均在陸地，20世紀考古學進一步開始發展入海洋的海洋考古（maritime archaeology），從實地研究（field study）轉入海域研究（maritime study），使人眼界大開，考古相關的學科研究也就增加了海洋貿易史、沉船史、外貿瓷史（亦稱外銷瓷）等等。

考古學研究的「物」是古物，也就是古代遺存下來的遺物及環境，我們稱為古物或古蹟，它們代表了人類史或文化史的一段過往，考古的古，就是過去，沒有現在。進行考古調查有三個劃分階段（我稱之為三遺），第一，決定調查目標後，鎖住「遺址」；第二，進行發掘搜集「遺物」決定其歷史特性；第三，是對殘留下來的「遺跡」詳細考察，企圖在蛛絲馬跡中還原其本來面目。

《沉船外貿瓷》一書雖是藉資料紙上談兵，屬海洋考古，但亦遵從考古調查「三遺」劃分階段，（1）決定目標沉船後，鎖住海洋地理遺址，（2）進行追尋打撈過程及撈獲的沉瓷遺物，加以分析種類及特性，（3）對沉船殘骸地區環境加以審視，企圖在遺跡還原其原貌及沉沒狀況。因為是沉船外貿瓷研

究，重點仍是放在動輒上萬件的沉瓷。每一艘船均是一段完整歷史，一個時光膠囊，一齣悲劇寫在水上，沒有文字訊息，只有數百年或千年的無聲外貿器物。本書第一章內有這樣寫：「這種『物』的重新呈現，差不多就等於把一段物的歷史完整呈現……許多早已停用（discontinued）之物、打破（shattered）之物、遺忘（oblivious）之物，都隨著沉船打撈後浮現眼前。這些都是嶄新（brand new）之物，不曾使用、未被描述過之物，未曾賦予歷史意義。也就是說，它們是未經移動、重新面世的「原物」，像一齣戲劇，從散亂的腳本，慢慢一幕一幕還原出一段被遺忘歷史。」

本書十二章，分述十二艘沉船外貿瓷（馬來西亞沉船不止一艘），以明清青花為主，各章並沒有按照沉船年代先後排列，因為它們並未能代表該時代或朝代的全面風格。如以朝代劃分，最早應自唐代沉船迄至清道光沉船，茲分列如下：

（1）唐代寶曆二年（西元826年）第九章：唐代沉船・長沙窯器

（2）明萬曆三十六年（西元1608年）第七章：平順船貨・漳州陶瓷

（3）明中葉（西元1490-1510年）第八章：會安沉船・越南青花

（4）明萬曆二十八年（西元1600年）第十一章：聖地牙哥號・菲律賓沉船

（5）明隆慶、萬曆年間（西元1567-1600年）第十二章：「利娜沙洲」沉船

（6）明末清初，崇禎順治年間（西元1643年）第二章：哈察船貨

（7）明清兩代（西元1370-1830年）第十章：瑞典打撈員與馬來西亞沉船

（8）清康熙年間（西元1690-1700年）第四章：頭頓船貨・青花亮麗

（9）清雍正年間（西元1723-1735年）第五章：金甌沉船・雍正青花

（10）清乾隆年間（西元1751年）第一章：南京船貨・荷蘭沉船始末

（11）清嘉慶年間（西元1817年）第六章：英國港腳船・戴安娜沉船

（12）清道光二年（西元1822年）第三章：德星珍寶・怒海碧沉

東南亞國家打撈沉船及拍賣，浮現出另一些問題令人深思，本書第二章曾這樣提出，「哈察這兩艘沉船的大批拍賣（尚未加上後來的「德星號」（Tek Sing）），可以說是一種『哈察現象』，這些外貿瓷重新面世，包括他的打撈方法與商業行為，常為考古界詬病或民族主義者譴責，認為不但破壞原址、毀害考古證據，更『海撈過界』，越界盜撈，各國群起斥罵。但自從海撈拍賣以後，博物館和富豪們收藏文物的『專利』，隔著博物館櫥窗只可遠觀不可把玩，或是僅藉圖片才知道此為某某豪門收藏的慣例，遂被打破。幾次的大拍賣後，經過合理競爭得標，大盤商再批給中、小盤分發零售，即使是次等或損壞瓷器，也可流入一般群眾擁有、撫觸、鑑賞，這又是何等美麗幸福的時光！但話又說回來，大型博物館或企業家財雄勢厚，尋常百姓豈能望其項背，即使是在拍賣，也是一面倒資本主義大魚吃小魚，精品儘歸豪門或博物館所有（譬如大英博物館收藏的哈察船貨盡是精品）。」也就是說，歸根結柢，最終拍賣與海洋考古學是目標一致的嗎？還是學者、國家、商人各有所思？

　　本書第九章的唐代黑石號沉船，史密森尼學會（Smithsonian Institution）下屬的賽克勒美術館（Arthur Sackler Gallery of Arts）原計畫在2012年初舉辦黑石號文物在美國首展，但在2011年一批美國國家科學院的考古學家和人類學家向史密森尼學會寫信，對這項展覽計畫提出批評，隨後美術館推遲這項展覽。來自美國考古學會、美國海事博物館協會和國際水下文化遺產委員會，以及史密森尼學會內部的批評者認為，黑石號的發掘是為了商業利益而進行，發掘進行過於迅速，以至於損失了附著於船員和貨物上的歷史信息，他們要求重新考慮這次展覽是否應該進行。其他學者則質疑黑石號的發掘不符合水下考古相關的國際公約，而史密森尼學會對黑石號文物的展覽是對盜寶行為的鼓勵。2011年6月28日，賽克勒美術館推遲了原定的展覽計畫，而此項展覽直至2017年4月，方才在紐約亞洲學會博物館順利進行。

美國學者專家所譴責與制裁的理由是印尼打撈後未經公開研究或拍賣，便流入新加坡私人收藏轉成國家收藏，從聖淘沙輾轉遷入新加坡亞洲文明博物館。其實賽克勒美術館苦心孤詣，原本計畫在2012年初舉辦黑石號文物在美國首展，於2010年就出版了一本康蕊君等人掛名主編，精裝厚達三百零七頁的《沉船：唐代寶藏與季候風》（*Shipwrecked：Tang Treasures and Monsoon Winds*，書出版後轉眼售罄），利用各專家的特長分別撰寫黑石沉船地理背景、帆船結構、沉寶內容，難道這不是考古學「三遺」的執行？至於「損失了附著於船員和貨物上的歷史信息」，那就天知道船員和貨物尚有多少遺留可以發掘的歷史信息？令人百思不解的還有「黑石號的發掘是為了商業利益而進行」，那麼其他沉船發掘後的沉瓷拍賣就不是為了商業利益而進行了？

得蒙《藝術家》出版社何政廣、王庭玫兩位賞識，從2008年出版第一本藝術評論《雍容似汝──陶瓷・青銅・繪畫薈萃》至今已十二年，共出版了七本藝論著作。除了《青銅鑑容》一書較早撰寫，這七本書占據了我在南加州大學及台北醫學大學十二年大部分的學術研究時光，我本主修英美、中國及比較文學，算得是文學的「跨學科研究」（interdisciplinary approach），由文入藝後，包括這本《沉船外貿瓷》（本來就是上一本《遠洋外貿瓷》的下集（sequel）），卻是視覺藝術和物資文化的「跨領域研究」（cross disciplinary study），讓我進入考古、藝術、文化、文學、歷史五大領域學習研究，朝朝夕夕，焚膏繼晷，無怨無悔，真非始料所及了。

謝鵬雄　記於2020年11月感恩節疫症如火如荼之際

沉船外貿瓷

第1章
南京船貨‧荷蘭沉船始末
（Nanking Cargo）

█ 1986年拍賣季

How many things by season seasoned are

To their right praise and true perfection!

——Shakespeare, *Merchant of Venice*, Act 5 scene 1

多少事物在季節中當令其時

博得恰當讚賞而功德圓滿！

——莎士比亞《威尼斯商人》第五幕第一場

佳士得（Christie's）每次拍賣除了出版拍賣目錄，一年下來總結成果，另出版有厚達數百頁精裝彩印的《季節回顧》（*Review of the Season*），1986年對佳士得而言，是莎劇所謂「博得恰當讚賞而功德

左圖　佳士得「南京船貨」拍賣目錄封面
中圖　佳士得「南京船貨」拍賣目錄封底
右圖　佳士得「南京船貨」拍賣價目表

圓滿」的季節，怪不得在該年《季節回顧》「前言」，總裁韋特菲爾（Paul Whitfield）就率先引用莎翁《威尼斯商人》名句：「多少事物在季節中當令其時。」

　　韋特菲爾的季節當然是指拍賣季，即英國所謂「The Auction Season」，西歐數世紀來多始自秋季，每季都各有特色，就以佳士得1985／86拍賣季而言，彩色繽紛，韋特菲爾讚賞的艷麗色彩是青花（blue and white），就是5月在荷蘭阿姆斯特丹希爾頓飯店，拍賣十五餘萬件海撈上來的青花外貿瓷（blue and white），稱為「南京船貨」（Nanking Cargo）。這艘荷蘭沉船各物在沉沒兩百三十五年後，由英國出生、成長在澳洲的潛水尋寶專家哈察（Michael Hatcher），在印尼蘇門答臘（當年的爪哇荷屬巴達維亞Batavia）南中國海打撈起來，重見天日，再現江湖。全球買家蜂擁而至，人山人海來了一萬八千多人，一連五天，賣了個滿堂紅，哄動一時，成交價1000餘萬英鎊，正是每個拍賣商夢寐以求的成績。

　　該艘荷蘭商船名「蓋德麻森」號（Geldermalsen，以下簡稱「蓋船」），隸屬荷蘭東印度公司（VOC，以下簡稱荷印公司），造於1746年，是一艘貿易運輸船，主要用做從遠東運送瓷器等貨物到歐洲。1751年（乾隆十六年）12月從廣東出發，滿載名貴瓷器、茶葉、金錠回歐洲，當年歐洲上流社會流行喝茶，茶葉、瓷器茶具供不應求，商人們開始從中國大量進口。蓋船在1752年1月印尼外海觸礁沉沒，因在黑夜，大部分船員均不會游泳，一百一十二名船員僅倖存兩艘救生艇內共三十二人，其餘留在船上的八十名包括船長、船員全部罹難，二十多萬件瓷器、茶葉、一批黃金，兩百多年來靜靜躺在南中國海底。

左圖　與「蓋德麻森」號同類型的船隻模型
右圖　佳士得1986年5月在荷蘭阿姆斯特丹拍賣十五餘萬件海撈外貿瓷，稱為「南京船貨」

為什麼一艘沉船或沉船撈獲，會引起如此巨大震撼？原因當然是巨額十五餘萬件瓷器及金條、金錠，為全世界收藏家所覬覦。另一原因，卻是這批瓷器的稀有研究價值，從來沒有這麼「完整」的外貿瓷餐具出現眼前。從前荷蘭海貿貨品，只能在荷印公司的文獻或訂單搜尋，因為實物早已售賣出去，成為零碎物品散諸各地，兩百年後已蕩然無存，即使有，也是博物館或私人古董商少量的零星收藏。

這種「物」的重新呈現，差不多就等於把一段物的歷史完整呈現物，都隨著沉船打撈後浮現眼前，都是嶄新（brand new）之物，不曾使用、未被描述過之物，未曾賦予歷史意義。也就是说，它們是未經移動、重新面世的「原物」，像一齣戲劇，從散亂的腳本，慢慢一幕一幕還原出一段被遺忘的歷史。

2005年英國明清瓷器大收藏家邁克爾·巴特勒爵士（Michael Butler）與上海博物館各方挑選出六十六件17世紀中國明清瓷器藏品，合共一百三十二件景德鎮瓷器在上海世博展出，其中有兩件巴特勒收藏頗稀有的「南京船貨」，巴特勒在《十七世紀景德鎮瓷器：上海博物館與英國巴特勒家族所藏》（上海博物館，2005）一書312頁內説了以下這麼一段話：

> 哈徹（察）沉船之所以在藝術史上具有極其重要的意義，在於船載瓷器中有紀年為癸末（1643）的器物。看起來船上所有瓷器都應該是這一年前後生產的⋯⋯，因此這批約燒造於明王朝滅亡前一年的器物告訴我們：轉變高峰期風格隨著明朝的覆滅而結束。此時畫工們已在繼續前進⋯⋯

物的本質，不止是什麼，樸散為器，更不止是叫什麼，更重要的是為何有此物？此物呈現什麼歷史文化信息？完整之物一旦面世，研究價值甚至大於商業價值。德國學者雷德侯（Lothar Ledderose）在《萬物》（Ten Thousand Things, 2000）一書論中國外銷瓷器時就指出，「西方人要了解中國的瓷器生產體系，可通過三條信息途徑：器物本身（pieces themselves）、圖像學（iconography）和目擊報告（eyewitness accounts）。」（此段參考《萬物》中譯本，2005，p.128，英文原文為本文作者附加）

雷德侯以研究藝術「模件系統」（module system）馳名學界，南京船貨亦不例外，關於第一條信息，他認為瓷器本身提供最真切證據（most tangible evidence），成套杯碗碟盤，顯示出這批數量龐大的瓷器群中，紋飾（decorations）全都遵循一種體系（system）。人們能夠鑑別出在有限內容的題材庫裡（a limited repertoire），包含著一些顯著母題（distinct motifs）……譬如牡丹、亭閣、漁舟或是雁群，這些母題都可被稱為模件（modules）。這些模件均可分工描繪，互相組合，而成一幅幅不同的拼圖。

很可惜目前許多瓷器組件母題，都是小量零碎組合，限於幾套餐器，最多不超過數百件的母題組合。如果沒有這批「完整」十五餘萬件的南京船貨，就無法進行在題材庫找出什麼獨特母題或模件了。

南京船貨拍賣中一條金條，2014年出現在香港文物市場，引起收藏家們注意，香港《明報》11月8日報導，「當時打撈出三類東西，包括文物、黃金和瓷器，瓷器約二十多萬件，黃金則分外矜貴，因為據記載船上應有一百四十七件，但Hatcher只打撈到一百二十七件。黃金主要有兩種形狀，為長條形一百零七條，以及鞋形（或稱船形）十八件（另有二件形狀不規則），鞋形黃金每件平均約重369g，長條形則約重366.3g（約10兩），並帶有中文標誌或印記。從船上找到的書信紀錄可知，這些黃金大都購自南京。」後來佳士得拍賣採用「南京船貨」這個主題，也許就是意有所指這批來自南京的黃金。

報導繼續指出，佳士得拍賣「數量少的船形黃金，每件成交價達5萬多英鎊，以當時300多克黃金約值2000英鎊的金價而言，無疑是天價；金條也不弱，每條約以1萬多英鎊成交。這批金條於1993年的Taisei - Baldwin - Gillio拍賣會中再度現身，升幅10%左右；至2011年，於北京誠軒的秋季拍賣會中，有中文標誌或印記的南京號金條，已升至估價約20萬至30萬人民幣，升幅驚人。所以今次，這件1993年於拍賣買入的『南京號』金條於香港一名收藏家手中出現，而叫價超過5萬英鎊（約62萬港元），大家也不感意外。」

10兩黃金的金條叫價到港幣62萬元，可見這天價已經不再是黃金市值，而是一件古代文物價值，一點也不值得驚訝稱奇。

左圖　「南京船貨」拍賣中的一條金條（放大圖），2014年出現在香港文物市場，引起藏家們的注意
右圖　「隔水兩岸亭台樓閣」青花全套餐具

　　南京船貨的金條顯示，物所以為「物」，除了考古追究其出處、藝術研究其為何物、歷史溯探其時代，更值得關注的可能是前面提及到的，為何有此物？南京金條已不止是市場黃金商品，它已經是跨領域許多的重疊，帶著一頁中荷海貿紀錄，一段沉船傳奇，一章清代外貿瓷史。

　　十八件打撈起來的鞋型金條，佳士得按照當日金條價格（bullion value）每條2000英鎊起標，成交價以每條高達5萬3298英鎊（7萬5681美元），當晚拍賣全部一百二十五條黃金所得總值115萬英鎊，這是買家或收藏家對南京貨運的黃金熱。

　　青花瓷方面，4月28號拍出一隻45公分「四金魚荷花海藻」青花大盤（南京船貨所有拍賣品背後皆貼有此四條金魚圖案標籤），即已締造2萬8217英鎊的佳績。兩日後4月30號，更以近22萬英鎊下鎚一套一百四十四件「隔水兩岸亭台樓閣」青花全套餐具……即所謂進餐前

放在進餐者面前的「餐位餐具碗碟」（place setting），由一位瑞士收藏家標得，一套乾隆年間青花餐具能拍出如此傲人成績，怪不得鎚一落下，全場響起如雷掌聲。此項紀錄，要到兩月後6月30號，佳士得在倫敦拍出另一套1835及1842年法國官窯名廠賽佛爾（Sevres）的「蔚藍花卉植物圖案」飯後甜點全套餐位餐具（desserts place setting），以23萬7000多英鎊下鎚打破紀錄，榮獲歐洲所有全套彩瓷餐具拍賣最高價。

「四金魚荷花海藻」青花大盤

「蔚藍花卉植物圖案」飯後甜點全套餐位餐具

▌蓋德麻森號沉船

怎樣知道這船就是蓋德麻森號？難道有沉船證物？事實並不，撈起的船鐘與大炮，僅證明為荷印公司商船。該船深夜觸礁沉沒，船身早已破爛不全，幾百年後，海底水流暗湧，沉船各物隨板塊四處移動漂流，也就是為何眾人皆知該船觸何礁石堆而沉，多年來偏偏在該暗灘附近打撈均毫無蹤影。

指出沉船身分的功臣是研究荷蘭東印度公司航運歷史的荷蘭學者專家約赫（Christiaan J. A.Jorg，前曾譯作佐，現於此修正為約赫）早在1982年便已在萊頓大學以博士論文一書《瓷器與荷中貿易》（*Porcelain and Dutch China Trade*, 1982）稱譽學界。及至1986年南京船貨拍賣，更以《蓋德麻森號歷史與瓷器》（*The Geldermalsen History and Porcelain*, 1986）一書同時發行，奠定他在南京船貨的權威專家地位。

此書共分四大章，第一、二章分述荷印公司組織及在中國廣州等地貿易事宜，並從荷蘭國家博物館及當年在印尼巴達維亞的運輸資料，推論蓋船於1751年在中國購買貨物情況。第三章則詳論該船啟航及沉船經過，包括各項疑點及可能陰謀。第四章詳述該船瓷器貨品種類。

約赫早於1984年另一艘明清沉船瓷器在佳士得拍賣，認識哈察。那是哈察撈獲的第一艘中國運瓷沉船，稱「哈察船貨」（Hatcher Cargo）。因瓷質精美，買家競標而使價格高逾常理，當年博物館預算有限，包括約赫任職的格羅寧根博物館（Groningen Museum）只好放手。但哈察十分大方，拍賣會後，私人捐贈五十件該沉船瓷器給格羅寧根，作為群眾可享有的公共參考資料。

翌年（1985）的12月佳士得再次找到約赫，告知哈察又撈獲另一艘沉船，起出十五萬件瓷器，大部分已抵達阿姆斯特丹，請他有空前往一看。約赫當初不以為意，怎知去了嚇了一跳，他是這麼描寫的：

I'm not likely to forget the visit I paid to Amsterdam shortly after that phone call. We went to a shed in the dock area and there, on the wooden racks, I saw endless rows of porcelain. Cups, saucers, plates, bowls....stacks

and stacks of them. This is how it must have looked in the days of Dutch
East India Company, I thought.

我怎也不會忘記講完電話，稍後我們便前往阿姆斯特丹碼頭附近
的一座貨倉，在裡面看到木架上一望無際的瓷器排列。重重疊起的茶杯
碟、盤、碗……數之不盡。我想，這大概就是當年荷蘭東印度公司的架
勢吧。（譯文）

約赫是瓷器專家，但描述當時感覺，就像走入今天的百貨公司，架
上擺滿瓷器陳列給顧客觀賞選購，讓他一陣目眩神迷，很難覺得這就是
世間稀有的18世紀瓷。但專家還是專家，回過神來，眼裡看到的，正是
當年博士論文《瓷器與荷中貿易》一書所描述的船貨，如今竟真金白銀
盡在眼前！

如果沉船是艘荷蘭商船，他的初步揣測最可能就是沉於1752年回
航的蓋德麻森號，因為拍賣會即將於翌年4月底開始，這批瓷器散布世
界各地之前，有責任把沉船來歷公諸於世，千載難逢，從來沒有這麼完
整、未經面世的荷印公司商船外貿瓷，數以萬計呈現眼前。蓋船遇難之
前，只有一艘沉於1741年的荷蘭商船。之後另兩艘商船，分別沉於1778
及1779年，資料均零散不全。

▌貨物

荷印公司保留的發票（invoice）顯示，沉船所載貨物，符合蓋船最
後一次航行貨品，包括68萬6997磅茶葉，一百四十七塊金錠，兩百零三
箱瓷器。茶葉是船上最值錢貨品，猶勝瓷器。打撈後形勢逆轉，茶葉不
值一文，瓷器身價百倍。

蓋船瓷器當年訂單如下：

● 一百七十一全套餐具：發票是寫一百七十一套，但問題是什麼
套具？多少杯盤碗碟、尺寸大小、才拼湊成一套所謂進餐者面前的「餐

位餐具碗碟」（place setting）？發票沒有詳細列明細節，約赫又在文獻找出一張1751年未用過的訂單，列出一套標準餐位碗碟，包括：一隻大盤（36公分）、二隻大盤（32公分）、四隻大盤（28公分）、八隻大盤（25.5公分）、八隻沙拉碗（25.5公分）、十二隻盤（23公分）、十二隻盤（20.5公分）、一百隻晚餐碟、二隻八稜沙拉盤、四枝燭台、四座鹽台（salt cellar）、二盒牛油盒、二座肉汁船（sauce boat）。

　　雖然並不完全符合蓋船撈獲，但對照兩張訂單，加上茶具大同小異，南京船貨遂湊足了四套完整全套青花瓷餐具，其中一套最完整的就是前面提及的一百四十四件「隔水兩岸亭台樓閣」主題餐具，以近20萬英鎊下鎚拍出。

　　約赫隨即指出，讓人納悶的就是全套餐具不可或缺的芥末瓶（mustard pot）及鹽台（salt cellar），沉船撈起五十六個芥末瓶，鹽台也有八十八個，就以每套餐具均提供兩個芥末瓶而言，南京船貨至少攜帶有二十八套「隔水兩岸亭台樓閣」餐具，現今湊合六套拍賣出去，其他二十四套碗碟就混雜在其他零散碗碟，或碎成破片沉埋海底了。

兩座肉汁船（sauce boat）

左圖　青花茶杯與茶杯碟；右圖　青花茶杯碟

- 六萬三千六百二十三件茶杯碟（tea cups and saucers）
- 一萬九千三十五件咖啡杯碟（coffee cups and saucers）：沉船撈起共有八萬多件茶杯碟，是船貨中最驚人數量的貨物，流傳在當今市面最廣，甚至倫敦哈洛德百貨公司（Harrods）一度把杯碟用禮盒包裝，並附證書，作禮品給顧客購用，隨即售罄。

這類茶杯碟共分四大類，青花茶杯碟及褐釉茶杯碟（又稱巴達維亞褐色Batavia brown或拿鐵coffee au lait），另外兩類為較小量的伊萬里及琺瑯彩。約赫把褐釉器歸類為咖啡杯碟。無疑，褐釉瓷器較靠近咖啡顏色，杯碟也較青花類稍大，褐杯直徑8.5公分，青花杯直徑7.5公分，另有更小型的青花杯6公分，相差不大，應是同一類型的小型茶杯碟，而不應分列為咖啡杯碟。此外，為何特別用褐色釉（宋代曾有醬釉soy sauce 茶盞）？應該是伊斯蘭宗教影響及穆斯林慣用顏色，這些近兩萬套的褐色杯碟，可能就在巴達維亞卸貨，內銷後再輸入其他南洋及中東伊斯蘭國家。

杯碟紋飾設計簡單，青花茶杯僅有蒼松或亭台樓閣，褐釉茶杯碟則有花卉、垂柳、翠竹、太湖石或隔水兩岸。伊萬里因是釉上彩，金粉變色甚多。

- 九千七百三十五件巧克力杯碟（chocolate cups and saucers）：荷蘭殖民過程中，曾在印度種植咖啡，1699年把咖啡帶到印尼爪哇（Java）的巴達維亞大量種植，一度成為歐洲咖啡主要供應地。可可為巧克力原料，種植地原為南美洲，是西班牙殖民時代的商業黃金地帶，自從無敵

右上圖　褐釉茶杯碟
右下圖　褐釉茶杯碟（背面）
左圖　褐釉茶杯與茶杯碟

【詩文】

青花醬釉茶杯碟

詩文／張錯

飲以文山包種
以福建武夷，以銀針白毫
捧在手裡仔細端詳
在宋為醬色
在清為當行本色
在法蘭西為咖啡加奶
在荷蘭為巴達維亞赭！
湯色淡黃清澈
青花招展盪漾
牡丹大如海碗

竹石亮節不移
枝葉疏影在風裡流淌
人在月下獨自吟哦
水線斟至內圈通花菱格
杯底隱現風雲變色
那年南中國海覆舟
尚有金條錠、茶葉和完整瓷器
其中一套小小杯碟
滿足異域懷鄉飢渴。

艦隊被英國打敗後，海上霸權轉入英、荷手中，荷蘭人在委內瑞拉輸出大量可可豆，到了18世紀，茶、咖啡和巧克力成為荷人主要飲料，飲器需求日增，就以上面的茶杯碟而言，紀錄顯示，每年每艘荷印公司商船自中國返航，都攜帶超過十萬套茶具回荷。前面說過的褐色茶杯也包括在內。這三種飲料中，茶與咖啡有咖啡因可以提神，盛極不衰，但巧克力早年含大量脂肪，多飲即飽，於是成為小孩與女性小量甜性飲品。除了黑咖啡，咖啡和巧克力一般均有放糖、牛奶習慣，所以需要容量較大容器，此杯高7公分，直徑7公分，無論怎樣看，都可用作咖啡杯，尤其杯有提手（一種是圓耳提手，另一種是圓齒提手（scalloped））。分三種釉色，青花、伊萬里及琺瑯彩。圖案以菊花奇石配搭最為漂亮，更適合用來飲用巧克力或咖啡，至於訂單為何只寫巧克力杯，大概仍是飲用巧克力為主。

• 五百七十八件茶壺（tea pots）：哈察撈獲五百二十二件，按照茶杯碟數量，訂購茶壺數量實在不多，荷印總公司對流嘴需求十分嚴格，它們必需口徑寬闊，流程通暢，流嘴畢直（現今普稱子彈流bullet spout，亦為其他外貿瓷茶壺標準格式），沉船撈獲的把手茶壺有兩種，圓形把手及帶角把手，前者數量較大，拍賣出來流傳市面亦多。釉色分三類，青花、伊萬里及琺瑯彩。紋飾非常美麗，伊萬里及琺瑯彩為釉上彩，脫色嚴重，青花釉保存尚佳。

伊萬里碗（側面、底部）　　　　南京船貨拍品貼有的「金魚」標籤

飾有菊花奇石的提手咖啡杯（一種是圓耳提手，另一種是圓齒提手），適合盛裝巧克力或咖啡

飾有菊花奇石的咖啡杯碟；下圖　巧克力杯、杯碟

巧克力杯、杯碟

● 五百四十八件牛奶碗（milk bowls）：哈察撈獲四百七十九件，當年流行盛牛奶用的大杯碗，後來已廢用。1745年荷蘭商船開始訂購小量進口，斷斷續續維持多年後便停止，但發票從未描述為何物，僅在圖片或樣板得睹形狀（即是雷德侯所謂的「目擊報告」），知道是一個帶柄及尖角小流嘴杯碗，分大、小兩種（大碗17.7公分，小碗15.4公分），容量分別為850c.c.及400c.c.（240c.c.＝8oz）。這次沉船撈起，文物現世，勝過萬語千言，才知牛奶碗為何物。南京船貨的牛奶碗全為青花瓷，紋飾為隔水兩岸與塔樓。

至於如何飲用，則甚難揣測，據約赫云，小孩或是老人可以把麵包蘸在上面，

或用來撇取上面的奶油。但看來可能是分盛牛奶之容器，家庭用餐或供老弱啜飲、餵食之用。

牛奶碗後來停止使用，改用牛奶壺（milk jug），惟南京船貨並未訂購。

● 一萬四千三百一十五件平底餐碟（flat dinner plates）：一萬四千多隻餐碟沉船後，哈察只撈獲一萬多隻，這種直徑23公分的平底餐碟是西方非常普遍的食用餐碟，如同茶杯碟，有三種基本釉色，青花、伊萬里、琺瑯彩。餐碟共分九個主題，第一種「隔水兩岸、亭台樓閣」（The Boatman and Six-flower border）是今日流傳最廣的南京餐碟，第二種「牡丹石榴花」（Peony and pomegranate），第三種是「快樂小孩」（Leaping boy），第四種是「雁陣」（Flying geese），第五種為「格子欄杆」（Lattice fence），第六種為「三樓台」（Three pavilions），第七種為「伊萬里芭蕉」（Plantain），第八種為「楊柳圍欄」（Willow terrace），第九種為「曲折欄杆」（Zigzag fence）。其中伊萬里芭蕉、牡丹、太湖石因是釉上彩，上面的金色花朵多已脫色。

這些平底餐碟和茶壺杯碟打撈上來共高達十萬件之數，共享許多紋

茶壺有兩種把手，圓形把手（上）及帶角把手（下）

「隔水兩岸與塔樓」的青花瓷牛奶碗

「南京船貨」青花盤

詩文／張錯

今日流傳最廣的「隔水兩岸、亭台樓閣」餐碟

虛無飄渺海市蜃樓
已是王原祁山水了
故國何止三千里
學府深宮逾廿年
何滿子何滿子
那些婉轉囹圄哀歌
能否表達憤懣於萬一？
開元天寶絕世歌唱
梨園仍在輾轉相傳
懷鄉憂國詩歌
沉船山水瓷碟
躺在海底三百年
毫不褪色，梧桐茂盛
樓閣依然，遙遙一水
青白底釉癡心一片
一葉扁舟浪跡江湖
遠離險惡危岩暗石
一斗笠，一簑衣
不取功名，不採工筆
逍遙漁樵耕讀般寫意
搖櫓越過一圍蝶芳草
就是折枝牡丹
交錯三朵酡顏紅茶。

「快樂小孩」餐碟

「格子欄杆」餐碟

「伊萬里芭蕉」餐碟

飾母題（decoration motifs），譬如亭台樓閣、牡丹菊竹，符合上述雷德侯研究中國瓷器第二條信息途徑「圖像學」。圖像學在藝術史研究占一重要地位，從文藝復興或巴洛克時代藝品風格的圖像（icon，譬如西方《聖經》、神話或宗教聖人肖像）研究，進展入藝品風貌在歷史文化母題（motifs）及紋飾設計（decorative designs）的綜合意涵。因此雷德侯強調南京船貨的紋飾母題，從簡到繁，是一種全方位圖像，體驗出中國文人的價值觀，翠竹和太湖石象徵高風亮節與兩袖清風；菊花籬笆暗示陶潛「採菊東籬下」詩境；隔水兩岸代表文士的隱逸理想，寄情山水，詩情畫意，盡在瓷心一片。

● 一千四百五十二件湯盤（soup plates）：西方宴席，飯前多先喝湯，所以湯盤和餐碟大同小異，相差僅碟內的深淺而已，哈察撈起一千二百八十六隻湯盤，全部為青花瓷，分別為垂柳太湖石、牡丹及山中茅廬兩種主題。

● 二百九十九件痰盂（cuspidors）：均為青花小痰盂，撇口，8公分高，直徑12.5公分，看似宋代渣斗，後來早就停止使用。Cuspidor一字來自葡萄牙文cuspidouro，指提供口中吐物之容器，因此似是用餐時用來吐出骨頭及棄物。小型痰盂功能亦似如此，不會儘是用餐時有痰皆吐。從前老派牙醫診所，每次牙醫命令病人漱口吐出的容器就叫cuspidor，不叫痰盂spittoon。後來spittoon一字越用越廣，cuspidor一字obsolete後，遂陳舊棄用。

哈察撈獲的痰盂，打撈出水後，彩釉因氧化而變色

哈察撈獲兩百四十五個痰盂，大部分無把手，有把手的痰盂稍高，撇口較大，為較精緻的琺瑯彩繪，可惜因是釉上彩，沉船出水後，彩釉氧化均變黑色。

● 六百零六件嘔吐盆（vomit pots or

痰盂撇口

chamber pots）：此亦為早就棄用的瓷具，圓形，厚身，有提柄，直徑15.5公分，用途不明顯，應為老弱或病人之用（invalid bowls），也有學者建議為孩童尿壺（chamber pots），似嫌太小。難得的是訂單寫明，貨品面世，真有其物。亦分三主色：青花、伊萬里、琺瑯彩。

• 七十五隻魚碟（fish bowls with upstanding side）：所謂魚碟，其實是金魚碟，有些人稱鯉盤（carp plate），是不對的。這瓷碟上描繪的是四條金魚（goldfish），戲水於荷花水藻間，四魚體態生動活潑，布局美妙，怪不得佳士得要拿來做標籤宣傳，每件南京船貨均在器底貼上一張魚紙標籤。荷印公司訂單有時稱碗（fish bowls）有時稱碟，不知為何？但大小直徑尺寸皆定為41至46公分，碟邊闊平以便攜放。訂單七十五隻，哈察撈獲四十七隻，分三釉色，青花、伊萬里、琺瑯彩，已算是奇貨可居了。

金魚巢碟（nest plates）則見於一大碟，跟隨著四中碟，用作盛蝦類或奶油。哈察撈有四十隻普通餐碟大小的琺瑯彩金魚碟，但多已脫色。這批四十隻金魚中碟均放在另一批四百四十七件餐碟一起拍賣。

• 四百四十七餐碟（single dishes）

• 一千個圓形碗碟（nests round dishes）：這四百多個平底餐碟其實亦包括另撈起一千九百九十隻大小不同的青花「巢碟」（nest dishes），所謂巢，大概指大小眾鳥同巢之意，這些碟子大部分三隻一套，即大、中、小碟，按照主題配上小青花碗，譬如隔水兩岸或快樂小孩（Leaping boy）之類。其中更有三百隻中、小型金魚碟，很明顯是配合另撈獲的七十五隻金魚大碟，可見實不止僅僅七十五隻之數，都在沉船時破裂或遺失海底了。

• 一百九十五件牛油盒（butter pots, dishes, tubs）：這些用來盛裝牛油的有蓋瓷盒款式，分圓型及橢圓型兩種，蓋子上有小提梁，以便掀起，也在圓型盒蓋上用圓頂飾（finial）代替提梁，全部牛油盒皆有三種釉彩為代表。其名又稱牛油缸（butter tub）主要來自荷蘭原有木製如浴缸型的牛油缸，後來代爾夫特（Delft）燒出瓷製牛油缸，跟著中國外貿瓷又模仿代爾夫特燒出這種牛油盒子。

• 兩萬五千九百二十一件瓷碗，兩千五百六十三套碗碟（bowls,

bowls with saucers）：除了茶杯碟及餐碟以外，作為南京貨運的代表作就是這訂單內兩萬五千多隻的中國瓷碗了，哈察一共撈起一萬七千隻，占三分一強，已是佳績。這些瓷碗皆是中國碗款式，能以如此巨大數量外銷西方，可見器具不單輔助飲食，亦可改變飲食。我們不欲挑戰西方說法，把這些飯碗都看作是雜碗（slop bowls），用來飲茶或放雜物用。但需求如此殷切，每次訂單都是上萬計，難道西方人飲茶成痴，每日需碗砌茶換茶乎？也就是說，這些飯碗輸入，可能提供給西方飲食無窮的用途可能，用來盛裝各種不同食物，譬如麥片、稀粥、湯水、薯泥，甚至米飯。圓型飯碗不占地方，餐碟上加上大、中、小碗，有如巢碟，可稱之為「巢碗」（nest bowls），甚是方便。這類大碗主要是青花碗、褐釉碗、伊萬里碗及琺瑯彩碗。青花碗以「學者過橋」（scholar on the bridge）最多，蓋船載運兩萬多隻，哈察撈獲一萬七千隻，其中就以學者過橋碗最大宗，可惜青花雖是釉下彩，景德鎮工人有時偷工，在燒好的白素胎加上青花釉繪後，隨便掃上一層不完整的透明罩釉便入窯燒，燒出來後無甚差別，但碧沉大海兩百多年後，許多碗上的青花釉繪因無保護層已蕩然無存，橋在人失，松枝空掛，松針缺落，茅舍殘破，僅留下青花繪痕，西方稱為「魅影」（ghost image），煞盡風景。伊萬里及琺瑯彩碗因是釉上彩，也沒有一層透明釉保護，損失更是嚴重，尤其金粉氧化後均呈黑色。

褐色大碗胚胎稍厚重，席地而食不易打翻，體面光滑，釉色均，尤其瓷碗內緣一圈青花山水

碗裡乾坤——「南京船貨」山水人物青花碗

詩文／張錯

初秋不遠茅廬過去
有人橋上踟躕獨行
兩株蒼松挺拔鬱翠
秋正濃時，山色微醉
斜風過處針葉如細雨
刺繡出一幅蜀錦心情
足下小橋流水
遠處亭台樓閣
似有聲聲呼喚
穿梭岩巖怪石林間
巧匠瓷碗外壁繪就
週而復始一圈山水人物。

保有原先圖案的瓷碗

英姿風發年華光彩褪盡
碧翠華蓋松葉消失無蹤
兩百多年後日月遷化
山仍是山，水仍是水
面目全非只是人面！
兩株樹幹無語伸手
橋樑坡塘鈷青暈散
不見行人，由秋入冬
密林餘留枝椏，樓閣空寂
夜半私語是海底魚群喋喋。

褪色後的青花瓷碗

以上雜碗雖部分釉色稍有瑕疵，幸喜很多亦保留完整，形制仍是景德鎮「體薄堅致，色白聲清」，無論捧賞或應用，均令人歡喜讚歎。

各式大碗

　　另外兩種褐色大碗（Batavia brown）胚胎稍厚重，可能用作席地而食不易打翻，體面光滑，釉色均勻，尤其瓷碗內緣一圈青花山水，舟泛其中，藍白相映，有如青天白雲，飄逸脫俗。另一主題為青花花卉，花團錦簇，鋪陳碗內，喜氣洋洋。

青花花卉大碗，花團錦簇的紋飾鋪陳碗內，喜氣洋洋

　　● 兩千五百六十三碗碟套件打撈上來均為青花瓷，碗比上面的飯碗小，碟中凹，並非平底碟，也許供孩童食用。紋飾兩種，花卉山水，飛雁主題。

　　● 八百二十一件英國大啤酒杯（mugs or English beer tankards）

　　荷蘭與英國相隔不遠，啤酒飲器相互影響，歐洲當年尚未燒出精緻瓷器飲酒杯，尤其英國的啤酒杯（tankard）大多沉重，歐洲則仍多用合金或鐵蓋啤酒杯（mug），中國遠洋外貿啤酒瓷杯抵達歐英市場，所向披靡。南京沉船有柄啤酒杯共分三種，容量三種，半品脫、1及2品脫，杯柄留有小孔，以便抵荷後加鑲杯蓋連接。

　　● 兩萬五千九百二十一件雜碗（slop bowls）：西方茶具有一種茶渣大碗，專供飲茶時把剩餘茶腳倒掉，再換另一種新茶或繼續喝較熱的茶。東方人用碗盛飯或湯，飲食習慣不同，其實這些碗型就是飯碗，但

換作雜物碗用，不占空間，故稱slop bowl。

● 銷往好望角粗製碗碟（coarse plates and bowls for Cape）：這一批碗碟是商船準備路過非洲好望角（Cape of Good Hope）時，留下來內銷的一批粗糙厚重瓷器或炻器（stoneware），本來南非的荷蘭統治者一向訂單寫明在印尼巴達維亞取貨，後來荷蘭商船覺得多此一舉，就陽奉陰違不在巴達維亞卸貨，乾脆直駛好望角。除非東南亞國家如印尼、菲律賓也有需求，就留下少量在巴達維亞轉運。1751年底有兩艘荷蘭商船準備運載這類粗製碗碟往南非，其中一艘就是蓋德麻森號。約赫找到一份1751年信件，好望角向巴達維亞訂購兩千隻瓷碟、六百隻中碟、兩百隻大碗，四百隻中碗。這些可能都是沉船撈獲的一部分，從哈察拍攝的海底圖片顯示，棄置在海底的破碟實在太多。

即使如此，現今流傳市面當作古董買賣的南京船貨粗碗碟，仍然很多，它們塗上一層淡淺青花釉，紋飾筆法粗枝大葉，碗以纏枝花卉為主，有時疊燒，碗心也會留下一圈胎痕。碟上描繪，多是簡單筆觸的飛龍（或許是舞鳳）。

▋ 尾語

1986年是佳士得風光的一年，龐大數量的南京船貨千頭萬緒，每批（lot）數量及配搭有時也煞費思量，因此小心翼翼在宣傳上做足功夫，除了印刷精裝彩印二百七十二頁的目錄本《南京船貨：中國外貿瓷與黃金》（*The Nanking Cargo: Chinese Export Porcelain And Gold*, 1986），同時推出約赫教授的專著《蓋德麻森號歷史與瓷器》一書，同步發行。除此以外，還加上當年在佳士得遠東部門任職的瓷器專業施福（Colin Sheaf）在香港出版的英文《亞洲藝術》雜誌撰文介紹南京船貨在阿姆斯特丹拍賣情形（"The Nanking Cargo at Christie's Amsterdam", *Arts of Asia*, July-August, 1986, Hong Kong, pp.117-120）。兩年後，施福又與外貿瓷專家喬爾邦（Richard Kilburn）合著一本《哈察瓷器船貨》（*The Hatcher Porcelain Cargoes*, 1988），由施福撰寫南京船貨，喬爾邦撰寫哈察於1984年在南中國海撈獲一艘中國貨船（大眼雞船，junk），起出兩萬

京船貨粗碗碟多以簡單筆觸描繪飛龍或舞鳳

五千件明末清初的外貿瓷，就此稱為「哈察船貨」（Hatcher Cargo）或「哈察大眼雞船」（Hatcher Junk）。

拍賣目錄在拍賣會結束時賣出一萬一千多本，約赫博士的專書也不遑多讓，書出第一版三千本，兩星期就賣完了，讀者們閱讀後確認此為荷蘭商船，更增加對沉船文物的興趣。但以補充資料而言，還是兩年後1988施福與喬爾邦分別撰寫的《哈察瓷器船貨》中，施福負責南京船貨的部分最具參考性。譬如提到頗為混淆的茶杯碟時，施福首先指出歐洲在17世紀末崛起的不含酒精飲料（soft drink，或稱軟飲料）文化，三種主要不含酒精的飲料是茶、咖啡和巧克力，而蓋船運載這麼龐大數目的三種軟飲料容器，正是證實這類文化的流行與強烈需求。小圓茶杯占貨品最大宗，一方面是歐洲人早期飲茶全部依足中國傳統飲法，茶壺泡好茶，倒在沒有柄的小杯內飲啜。另一方面，小茶杯價廉物美，運輸方便，無柄圓杯疊起包裝繫縛，不占空間，而有柄杯子繫縛不便，占空間又易裂碎，所以如有柄巧克力杯數量不大，品質較好，紋飾細緻，價格亦較昂貴。至於茶杯與咖啡杯的分別，一直沒有解決，施福引用了好幾張17、18世紀的油畫，繪畫英國及荷蘭的飲茶場合，青花、巴達維亞褚杯子均赫然在目，皆指為飲茶器具。堅薄帶耳柄的茶杯或咖啡杯，則大概要等德國的麥森、英國的瑋緻活或法國的賽佛爾，介紹給自己國人了。

第2章
哈察船貨・無名沉瓷
（Hatcher Cargo）

哈察尋寶歷程

居住在新加坡的哈察本是一個潛水尋寶人（underwater treasure hunter, 許多曾替跨國石油公司工作的潛水夫或尋寶人則喜稱自己為潛水員diver，或測勘員surveyor），在麻六甲（即馬六甲）海峽一帶海撈戰爭物資。南中國海像歐洲的地中海，為沉船古墓群，麻六甲海峽更是沉沒第一、二次世界大戰戰艦、潛艇、商船、戰機，還有民間貨船及漁船之地。哈察就是打撈這些海底物資再變賣，當年南洋一帶不乏這類西方潛水尋寶人，分居印尼、泰國、星馬、菲律賓一帶，

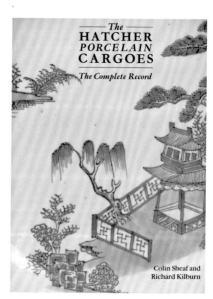

施福與喬爾邦合著有《哈契瓷器船貨》(The Hatcher Porcelain Cargoes, 1988) 一書，分別撰寫南京船貨和哈察船貨。

包括哈察「南京船貨」的拍檔瑞士尋寶人拉南（Max de Rham），他們從漁民或潛水夫口中會獲取一些線索，各自密藏心中，分別尋寶，彼此關係既是朋友，也是對手，有利則合，無利則分。有關南京船貨兩人合作，讀者可參閱哈察與方柯洛合著《南京貨運》（Michael Hatcher, Antony Thorncroft. *The Nanking cargo*. London,1987）一書。

南京貨運拍賣名聞中外的哈察，讓人聯想到的只

是他在沉沒的日本貨船撈獲一些錫錠，也曾撈獲一艘二次大戰被英國皇家狩獵潛艇「呔力嗬」號（Tally-Ho）擊沉的德國潛艦U-IT23。德國U2潛艇有似潛行殺手，聞說邱吉爾聽到它就會全身發抖。它們憑藉「狼群戰術」如餓狼四出亂竄，獵殺盟軍海上交通線船隻，1942年的11月內，就擊沉盟軍一百一十八艘船隻，給盟國造成沉痛打擊。

「呔力嗬」名字取得好，它是英國人狩獵狐狸看到獵物時呼喚獵犬的吆喝聲，據說出自邱吉爾神來之筆，這艘狩獵潛艇於1944年狙擊一艘U-IT23得逞。德國U型潛艇經常從日本及占領下的東南亞國家經麻六甲海峽運載戰爭物資回德國，包括金條、水銀、錫錠、鴉片、橡膠及鎢（wolfram）。哈察於一個偶然機會在書上閱到資訊，進而研究其位置及沉船深度，終於在1979年底潛獲沉船，賺了一筆。

稍後，哈察出海幫助一名馬來西亞漁民解開漁船纏在海底的拖網時，發現另一艘1941年珍珠港事件後，被派往新加坡支援英國海軍觸雷沉沒的荷蘭潛艇。消息傳到荷蘭，殉難潛艇艦長的兒子漢斯‧貝臣根（Hans Besencon）到新加坡找到哈察，請求帶往其父沉海遺址，撿回一些沉船遺物，十分感激哈察，和他談起荷蘭東印度公司17至18世紀航運沉船，並答應回荷後，替他到國家博物館查詢荷印公司訂單及沉船資料。漢斯果不食言，回荷蘭後告知哈察兩艘沉船資料，其中一艘就叫蓋德麻森號。

▌明末清初無名沉船

很少人知道蓋德麻森撈獲前，哈察還於1981至1982年間在印尼外海撈獲另一艘中國沉船，後稱為「哈察船貨」（Hatcher Cargo或Hatcher Junk），但並非沉船船名或哈察運往荷蘭的船貨，它是一艘閩粵出海，稱為大眼雞的三桅中國帆船（junk），開往巴達維亞途中沉沒，無名無姓，無以名之，既為哈察撈獲，遂名哈察船貨，一共起出兩萬五千多件外貿瓷，為明末清初所謂「過渡期瓷器」（transitional wares）。

哈察對於撈獲這批瓷器心有顧忌，南京船貨及哈察船貨先後撈獲地點均在印尼海域，上世紀70、80年代東南亞戰禍連綿，南中國海波詭雲

誦，能夠把這些巨大數量的瓷器運回歐洲，已花掉不少力氣，至於公開拍賣，更怕招惹地主國干涉。所以哈察船貨四次在阿姆斯特丹的拍賣都很低調，第一次於1983年12月於荷蘭阿姆斯特丹佳士得小量試賣（trial selection），價格平平，亦沒有什麼目錄介紹出處背景，瓷件不算高檔，常有脫釉及貝殼黏附，名符其實海撈瓷，未能引起買家注意。佳士得有鑑於此，第二次於1984年3月拍賣卯足全力補救，詳細介紹出處及此批外貿瓷特色，果然吸引到藏家注意，其中最顯著投標買主就是大英博物館。同年6月第三次拍賣，隨著買家對17世紀外貿瓷器的認識與興趣，競標此起彼落，價格水漲船高，佳士得也宣稱此為最後一批船貨，更激動群情搶購。不久後又臨別秋波，出現第四次拍賣，哈察終是不放心這些瓷器安全，拿出他壓箱底的精品私人收藏，加上前三次拍賣，一共賣掉兩萬兩千一百七十八件。

不知是否受到南京船貨拍賣成績的刺激，還是哈察自己心中有數，1985年他又重新回到哈察船貨沉船原址（其實與蓋德麻森沉址相隔僅1哩之遙，兩船皆觸同一礁石沉沒），撈起兩千多件瓷器放在英國倫敦「傳家寶公司」（Heirloom and Howard Ltd.）出售，這是一家專賣彩繪英國家族勳章（coat of arms）外貿瓷著名公司，因是私人買賣，沒有目錄或個別瓷件描述。加上原先四次拍賣，不多不少共兩萬五千多件沉船外貿瓷。

就像約赫教授當初在佳士得碼頭貨倉看到十五萬件南京船貨一望無際地排列。重重疊起的茶杯碟、盤、碗……數之不盡，1984年3月英國著名明清瓷器收藏家巴特勒爵士（Sir Michael Butler）被邀前往佳士得貨倉觀看八千件哈察船貨時，事後在信札裡描述難以置信的心情，「看到這八千多件後，自是不言而喻為同一時期瓷器。」（and saw the 8,000 or so pieces, it was self evident that they were contemporary.）

哈察這兩艘沉船的大批拍賣（尚未加上後來的「德星號」（Tek Sing）），可以說是一種「哈察現象」，這些外貿瓷重新面世，包括他的打撈方法與商業行為，常為考古界詬病或民族主義者譴責，認為不但破壞原址、毀害考古證據，更「海撈過界」，越界盜撈，各國群起斥罵。但自從海撈拍賣以後，博物館和富豪們收藏文物的「專利」，隔著

博物館櫥窗只可遠觀不可把玩，或是僅藉圖片才知道此為某某豪門收藏的慣例，遂被打破。幾次的大拍賣後，經過合理競爭得標，大盤商再批給中、小盤分發零售，即使是次等或損壞瓷器，也可流入一般群眾擁有、撫觸、鑑賞，這又是何等美麗幸福時光！但話又說回來，大型博物館或企業家財雄勢厚，尋常百姓豈能望其項背，即使是在拍賣，也是一面倒的資本主義，大魚吃小魚，精品儘歸豪門或博物館所有（譬如大英博物館收藏的哈察船貨盡是精品）。當年南京船貨拍賣，馮先銘及耿寶昌兩位先生攜帶區區數萬美元前往投標，鎩羽而回，就是一例。

哈察船貨瓷器中有蓋瓶題字「癸未春日寫」，瓶屬17世紀風格，可以確定「癸未」應是1643年。但「癸未」年款的出現僅解答這艘船不會早於1643年沉沒，即是考古學家所謂的「不會早於」發生（*terminus post quem*, TPQ, the earliest time that event may have happened），卻無法確切證明1643年是否即為船隻沉沒年代，也不能說明其餘瓷器年代，即使下款多落宣德年製，僅是一般慣例，並非確實年代，船上其餘物件有可能早於或晚於1643年。

學者們再進一步比對當時荷蘭東印度公司訂單，發現哈察船貨所載瓷器多數與1643至1644年間訂單記載的瓷器樣式雷同，其中更有這兩年間才新出現的樣式貨品。此外1640年正好是滿清入關，1644年改朝換

左、右圖　哈察船貨瓷器題有「癸未春日寫」五字，瓶身屬17世紀風格，推測該船沉於1643年後。

代，荷印公司最晚能夠下訂單的時間大致是在1644年，又因景德鎮窯工大批被殺害，1645年戰亂後一度停產，對照荷印公司文獻顯示，最後一批訂購瓷器於1644年4月，一共訂購三十五萬五千八百件瓷器於1645及1646年，先後兩批運往台灣熱蘭遮城（那時鄭成功的南明勢力仍可操控閩粵沿海一帶），再繞道前往巴達維亞，應可推測沉船發生在1643至1646年間。所載瓷器多數為景德鎮青花瓷，也有青瓷、德化窯及彩瓷，又因戰亂，景德鎮停止生產，存貨不足，1645年運往台灣夾雜比較粗劣胎厚的漳州窯（swatow ware）大盤，不為荷蘭商人所喜。

▌哈察船貨

　　因為只是一艘中國貨船，沒有太多研究哈察船貨資料，幸好施福與喬爾邦合著有《哈契瓷器船貨》（*The Hatcher Porcelain Cargoes*, 1988）一書，分別撰寫南京船貨和哈察船貨。喬爾邦撰寫哈察船貨部分，更經常引用研究荷印公司資深元老學者沃爾卡（T.Volker）權威經典《瓷器與荷蘭東印度公司》（*Porcelain and the Dutch East India Company*，1971）內貿易瓷訂單的統計數據，給我們提供頗為完整的哈察船貨種類資料。這些資料大部分集中在沃爾卡書內的第七、八章，分別述及「荷蘭船運1610-1624」及「荷蘭船運1624-1657」兩部分，在第八章1643年起，荷蘭商船自巴達維亞開返阿姆斯特丹活動紀錄，並

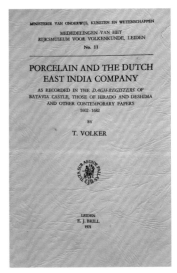

《瓷器與荷蘭東印度公司》一書書影

提到訂單內容有大量茶壺杯碟及茶葉，沃爾克並指出，荷蘭於1597年便在旅者行程記載得悉中國茶葉，到了1607年就購買大批茶葉從澳門載往印尼的萬丹（Bantam）。

　　茶葉最早為葡萄牙傳教士在澳門飲用，攜帶小量回葡萄牙給皇室品嚐，成為一時飲品時尚，物以稀為貴，十分矜貴。1662年葡萄牙布拉幹薩王朝凱瑟琳公主（Catherine of Braganza，葡萄牙國王約翰四世之女）

嫁給英國國王查理二世，嫁妝極其豐厚，據說隨身物品包含茶葉；也許是陪嫁品之一。那時的英國，茶葉只是一種健康飲品在市面流通，效果是幫助人振奮精神、理氣健脾。但這位年輕英國王后習慣每天飲茶，堅持飲茶習慣。久而久之，茶葉推廣入民間，便不再是提神飲品，而發展成為社交飲料，開始在英國盛行。荷蘭人有非常精明的商業頭腦，很早在17世紀初便大量運載茶葉往歐洲各地銷售，英國本地茶葉昂貴主要是關稅太高、荷蘭進口量小、印度大吉嶺地小，紅茶產量不大。1637年荷蘭東印度公司董事會寫給巴達維亞的指令內說「民眾開始飲用茶葉，我們期待每艘駛回商船都包括有一些中國及日本茶器。」

荷蘭人不但學飲茶，還要用中、日茶器，日本飲茶文化來自中土不在話下，但西方人飲茶全部華化，卻始自荷蘭人推廣。從上一章南京船貨的茶杯碟可以得知，歐洲人早期飲茶，亦步亦趨採用小茶杯小口啜飲，成就了大批小型茶杯碟外貿瓷進入歐洲，款式仍多是傳統的壓手杯居多，此種小杯杯口平坦外撇，自下腹壁內收，圈足，握於手中，微微外撇口沿正好壓合於手緣，穩貼合手，故稱壓手杯。後來飲茶講究了，訂購亦出現有聞香的鐘杯（拍賣目錄有列出三隻春宮青花鐘杯）或鈴鐺杯（仰鐘杯），杯口外撇，深腹圈足，倒置似鈴鐺。

物的體用，本來是指物的形體本質與它的用途，《荀子》卷六〈富國〉內謂「萬物同宇而異體，無宜而有用，為人數也。」，就是說：萬物並存於宇宙之中而形體各不相同，它們不能主動地迎合人們的需要卻對人都有用，這是一條客觀規律。《老子》第十一章，進一步提出以無

拍賣目錄有三隻春宮青花鐘杯（或鈴鐺杯、仰鐘杯）

為體的觀點，「埏埴以為器，當其無，有器之用。」以無為用，有了器具中空地方，才有器皿的作用。茶杯茶壺之為器體，在萬物異體中，用處就是飲茶，它的本體是沒有，但因要用來裝茶，所以要埏埴為器，用一個中空體，才能裝茶。賓主之間，茶是主，杯壺是賓，因為要飲茶，所以需要用來飲茶的茶杯壺器具。

為什麼有這麼多種類的茶杯碟呢？原來飲食不單只是飲和食，飢渴之外，體用之餘，還有生活素養的提昇，飲什麼茶、喝什麼酒，喫什麼菜，需要什麼杯子、什麼盤碟，都能讓人在體用間領略到雅緻生活情趣。如此一來，飲茶反賓為主，往往不止是喝什麼茶，而是用什麼杯子了。

青花瓷仍是哈察沉船外貿瓷的顯著種類，一般人都認為克拉克青花瓷早已沒落於明代中葉，其實不然，證諸哈察船貨內兩千六百件

哈察船貨內有兩千六百件精緻青花，包括碗碟、細頸梨形瓶、葫蘆瓶、蒜頭瓶、荷蘭碗等。

圖為分欄花卉茶壺、開花茶杯、開光借景茶杯

哈察船貨的主力為青花克拉克，其瓷盤大小皆不同

精緻青花克拉克，包括碗碟、細頸梨形瓶、葫蘆瓶、蒜頭瓶、荷蘭碗（klapmutsen）和軍持，可見此類外銷瓷器一直流行到明末清初。17世紀的荷蘭，一直是天主教的西方宗教國家，軍持則為東方佛教淨水聖器，此器在荷蘭功能為何？仍待進一步考據。不過有一點在訂單可以觀察到，荷蘭人自從接觸中華文化後的潛移默化，在瓷器應用方面已不單是生活器具功能，而是中國文人生活起居的擺設，反映於海撈沉船器物，包括玉壺春、高身稜狀花瓶（素三彩、五彩故事瓶更是康雍乾三朝外貿瓷瑰寶）、花盤、青花文具瓷盒，至於玉壺有酒無酒、花瓶有花無花，軍持有水無水，均不重要，重要的是一種人文雅士生活情趣，也是西方古典文學所謂的「合宜」（decorum），什麼人，什麼身分，做什

青花棱狀甕

麼事，説什麼話，都需要具有某種合理的恰當。市井之徒的言行舉止，或是皇室貴胄舉手投足所展現的雍容華貴，一切必須恰如其分。證諸器皿的官窯與民窯，或是景德鎮窯的雅緻與漳州窯的粗糙，亦是一樣。

早期克拉克青花瓷大盤注重功能，紋飾誇張草率，饒富野趣。哈察船貨沉於1643年，如沉在大西洋聖海倫拿島附近打撈的1613年沉船「白獅號」（Witte Leeuw），以及1992年在菲律賓海域打撈的一千六百年沉船「聖地牙哥號」（San Diego）上外貿瓷的克拉克紋飾比較，相隔三十年或四十三年，仍然大同小異，沒有多大變化，這可能是在這六、七十年間荷蘭人的景德鎮窯廠密切關係，訂單一直重複克拉克，老窯工駕輕就熟，品質穩定。但在七千八百隻打撈到的青花茶杯中，卻沒有克拉克圖案，代而興起的是由明入清過渡期的分欄花卉（floral panels）及開光（cartouche）借景風格，正是順治、康熙年間茶杯及膽瓶的新興風貌。此外，青花釉色也有變化，從萬曆的藍灰轉入較明朗清晰的紫藍，進一步引證一般批評指責萬曆、天啟以降到崇禎晚明景德鎮衰落的錯誤，也許官窯乏力，但民窯卻因外貿瓷的需求業務蒸蒸日上，精益求精，大放異彩。

作者自藏的藍釉高足杯

作者自藏的藍釉高足杯（杯底）

　　克拉克瓷盤大小不同，所以訂購方面荷、中兩方頗有默契，荷蘭方面把盤子分為五種尺寸，即是（1）全尺寸（full size, 大概47公分），（2）半尺寸（half, 大概35公分），（3）3分1尺寸（third, 大概30公分），（4）4分1尺寸（quarter, 大概21公分），（5）8分1尺寸（eighth, 大概14公分）。如果一來，所有訂購盤子均趨向標準化，由荷蘭人、中間商人、窯工共同執行。據佳士得統計，哈察船貨的克拉克瓷盤多出一種26公分尺碼，介乎三分一及四分一之間。

　　哈察船貨除了青花克拉克為主力外，尚有德化白瓷，質素高清。至於青釉瓷各器應屬漳州窯，稍嫌粗糙，另有純藍釉茶壺、高足杯、小膽瓶及中、小型瓷碟等，釉色豐腴，高雅大方。

第 3 章
德星珍寶・怒海碧沉
（Tek Sing Treasures）

德星之謎

　　清代三桅貨船出海，分東、西兩洋，東洋船航運日本、韓國、菲律賓；西洋船航駛越南、泰國、婆羅洲、印度和爪哇，大部分去到印尼爪哇的巴達維亞卸貨。這艘大型中國大眼雞三桅帆船（junk）「德星號」於1822年（清道光2年）1月14日從廈門駛向巴達維亞，在東南亞海域蘇門答臘島東南Gaspar島外海峽約19公里的Belvedere暗礁附近觸礁沉沒，船上載有中國苦力移民男女老幼從六歲到七十歲，共一千六百名，加上二百名乘客船員，共一千八百人左右，沉沒後生還者僅一百九十人，是大航海時代最嚴重的海難。

　　清代航運管理沒有巴達維亞荷蘭東印度公司紀錄系統那麼嚴謹，此艘船既不是荷蘭商船，也無荷蘭乘客，沃爾卡的《瓷器與荷蘭東印度公司》（*Porcelain and the Dutch East India Company*, 1971）一書僅從1602

左圖　在東南亞海域Belvedere附近觸礁沉沒的「德星號」
中圖　「德星號」上的瓷器多是福建德化窯供應東南亞的白瓷和青花瓷
右圖　「德星沉寶」共打撈出近三十五萬件瓷器（以上三圖來源：Nigel Pickford & Michael Hatcher, *The Legacy of the Tek Sing, 2000*。）

到1682年，即使再繼續下去，也不知道是否會有紀錄檔案可循，此船不過是運載貨品前來巴達維亞轉運港（entreport）卸下，再轉銷往東南亞國家或批發給其他西方國家的商船帶回本國銷售。除瓷器外還有大批茶葉，其他包括水銀、生絲、漆器、竹製家具、墨、紙、硃砂、香料、檀木、乳香、安息香和沒藥。瓷器少部分是浙江青瓷，其他都是福建德化窯供應東南亞市場的白瓷（chine de blanc）和青花瓷，也包括漳州彩瓷（swatow wares），所以這應該是一艘運載福建瓷器的貨船。

為何一艘沉船會引起巨大注意？答案是：共有三十五萬件瓷器。而1999年打撈上來的潛水尋寶人亦非別人，而是撈獲「南京船貨」、「哈察船貨」的邁克‧哈察（Michael Hatcher）。值得我們關心的，還有一千四百多名身沉怒海苦難中國移民。

這批瓷器於2000年由德國拍賣公司Nagel Auction Company 在德國西南部的巴登—符騰堡邦（Baden-Württemberg state）中部的「斯圖加特」市（Stuttgart），以「德星沉寶」（Tek Sing Treasures）作主題，透過現場拍賣與線上拍賣交易給全世界瓷器愛好者，持續半年，於同年11月25日圓滿結束，網路拍賣為成功商業案例，只要是有興趣的收藏家，都可以在網上參與競標，拍賣成交總額達2240萬馬克，約合960萬美金。

德國拍賣公司Nagel Auction Company以「德星沉寶」為主題進行現場與線上拍賣，時間長達半年。

但沒有人注意到這艘龐大無比的三桅帆船，能夠承載兩千多名乘客，三十五萬件瓷器及其他貨品，到底是怎樣一艘的出洋大貨船？

事後追述，此船長約55米（約180英尺），寬約15米，排水量1000多噸，是清代少有的巨型三桅遠洋帆船，有五個船艙、三個堅木加圍鐵箍桅杆及可調整角度的風帆，最高桅杆高35米（約114英尺），基部有1米多粗（一米為3.28英尺）。船頭為典型四稜方形，兩邊各畫有紅黑圓形大眼睛（故名大眼雞，據說可嚇走鯨魚或海怪），船尾裝備火炮。甲板上搭建附加艙房和帳篷。比較特別的是在水線之上，有環船1米寬的

邊緣，以便船員來往於船首和船尾之間。

上面敘述讓人想起晚清一艘中國帆船「耆英號」，它原是一艘往來於廣州與南洋販運茶葉的商船，後於1846至1848年期間，從香港出發，經好望角及美國東岸到達英國倫敦，創下中國帆船航海最遠紀錄。耆英號以柚木製成，有三面帆，排水量達800噸。英國人更以隆重形式紀念「耆英號」的到來。特意製作了紀念章，刻著這樣的銘文：「第一艘跨過好望角並出現在英國水域的中國帆船。船長160英尺，高19英尺，載重300噸，舵7.5噸，主帆9噸，主桅自甲板高85英尺。該船由柚木製造。它於1846年12月6日自香港出發，1848年3月27日抵達英格蘭，歷時16個月（四百七十七天）。凱勒特船長。」所謂十六個月，是以從香港起航及停留紐約計（詳情可參閱拙著《蓮草與畫布：19世紀外貿畫與中國畫派》台北藝術家出版社，p.168），其實耆英號航程自波士頓直駛倫敦，僅用了二十一天。如果德星號與耆英號兩船相比，幾乎大同小異，德星甚至比耆英大一些，至於遠航力，耆英能直駛紐約，再轉倫敦，那麼德星幾乎也輕而易舉像耆英行走廣州與南洋之間。這類大型同安船在廣東製造自珠江出海，如有需要下載德化白瓷，也多從廈門港或漳州月港出航南洋。

清代中葉18、19世紀海上貿易均以「一口通商」的廣州珠江三角洲流域為主，德星與耆英皆在廣東製造，命名自以粵語為主，Tek Sing音譯應為德星，就像民國年間行走港澳的輪船，有「大來」、「德星」、「利航」等等。古人以歲星、景星為德星（virtuous stars），德星相聚是説賢德之士的聚會，不是什麼「得順」、「德興」、或「的惺」。

此外，有一名生長在印尼的錢姓峇峇（Baba Chy）是德星海難倖存者，他在中國唸完書後，乘搭德星返回巴達維亞與當地經商父母團聚，死裡逃生，因會説馬來語和華語，遂與拯救了一百四十人的英國港腳船（country ship）印地安那號（Indiana）披勞船長（Captain Pearl）敘述經過，德星船號，應是出自此峇峇口中。當時這類來往於中國與南洋小型的三桅帆商船普稱「艎舡」（wangkang），至少至今，麻六甲每年元宵仍有「王舡」出巡慶典，舡字本作船，因而亦稱「王船」，乃是南洋華人懷舊傳統。

如果追蹤披勞船長的航海日誌，真是慘絕人寰，一幕怒海餘生，

印地安那號經過時德星已
沉沒，海面黑墨墨一片人
頭，一千多人沉浮呼喊求
救，披勞船長多次派出小
艇用繩索拉救，但杯水車
薪，有沒頂者、隨波飄走
者、聲嘶力竭者，無力爬
上船者，這英國船長傾盡
全力，甚至駛抵巴達維亞
後隔天又再出海到荒島搜
救，一共前後四次才救起
一百九十人。據錢峇峇切
齒追述，本來尚有一艘艎
舡隨同德星一起航行，怎

與印地安那號同時期的港腳船繪圖

知海難發生後，竟見死不救，逕自駛離現場。後來出現在巴達維亞，又
說救起了十八人，即使屬實，也是荒誕，一艘艎舡貨船，體積自不會小
於港腳船，如可及時救人，至少可多救起三百人。

　　荷蘭東南亞研究學者包樂史（Leonard Blusse）有一文〈巴達維亞的
中國洋船及華商：以瓷器貿易為中心〉曾經提到德星號（《海洋史研究》，
廣東海洋史研究中心，2016年第9輯）。此文原為荷蘭國家博物館研究員專研中
國貿易瓷的Jan van Campen及J. T. Eliens主編《荷蘭黃金時代的中日瓷
器》（*Chinese and Japanese Porcelain for the Dutch Golden Age,* 2014）一書
內第六章，原標題為 "The Batavia Connection the Chinese Junks and Their
Merchants"。包樂史是研究荷屬巴達維亞專家，萊登大學漢學及歷史學
博士，論文為《奇怪的組合：荷蘭東印度公司控制時期的巴達維亞的中
國移民、混血婦女和荷蘭人》（*Strange company: Chinese settlers, Mesitzo
women and Dutch in VOC Batavia*）。麥斯蒂索（Mesitzo）是西班牙語與
葡萄牙語專有名詞，指歐洲人與美洲原住民混血的拉丁民族，也用於部
分亞太地區如印尼或菲律賓的麥士蒂索人）。

　　包樂史一文描述德星號如下：

重約1000噸的「泰興號」是一艘極其龐大的洋船。大多數洋船或稱為舡（wangkang）要小得多（大約300噸），有兩根到三根可以升起大型蝙蝠翼狀帆的桅桿。這些洋船都是相當笨重的船只，船舵巨大，很難駕馭，相當消耗舵手的力量。船上的勞動分工基本如下：

船長掌控全局，一名引水員及其一名助手負責檢查速度，測量水深並觀測羅盤；一名壓板或稱水手長，負責維持船員之間的秩序並操縱大炮。還有幾名船員在航行中各司其職：舵手和他的助手駕駛帆船，纜索負責人及其助手看好索具；兩名錨手負責沉重的鐵木錨；三名桅桿手負責三根桅桿；兩人負責拖船或舢板（這是用來在平靜的水面或在錨地上操縱帆船）；木匠修復船舶的破損部分；搬運工維持船艙和甲板的清潔；一名香主照料海上女神媽祖的祭壇，在羅盤前燒香，並給沿途經過的神聖海岬和海島獻上貢品，如越南南部海岸對出的崑崙島；最後還有廚師和幾十名普通水手。

上面分工部分描述，原出自康熙六十一年（1722）巡台御史黃叔璥《台海使槎錄》第一卷「海船」條，並非德星號實況，但見微知著，此類出洋大船大同小異。但說到「兩根到三根可以升起大型蝙蝠翼狀帆的桅桿」，卻是撈獲德星沉寶的一個重要關鍵。

卻說1999年4月，哈察的探測船「不歇庵」號（Restless M）早已抵達那片鬼哭神號、貨船殺手的Belvedere暗礁附近，採用聲納儀器，不歇不休，每天工作長達十六小時探測海底，數星期均徒勞無功。一直到5月初，哈察抽空飛返雅加達與印尼政府商討事宜。就在此時他的工頭得力助手阿杜（Abdul Rahim）發覺到海底回聲有些異樣，但不以為意，到了5月12日早晨，阿杜決定再覆檢三天前留下的海底信號，決定潛水一覷究竟。他和潛伴兩人潛下30公尺的海底，水靜但並不明亮，一切在半暗半明中進行，然後他們看到一個直徑1公尺多的大鐵環，跟著第二個、第三個，一連串的鐵環整齊排列在相同的空間，沒有木頭。正在納悶不知是什麼，日後才知道這是箍在大桅桿作固定的鐵環。這些鐵環帶引他們潛向一堆約50公尺長，闊約10公尺的隆起積堆，再潛近一看，竟

看見一隻雪白青花瓷，再看附近，那真不得了，一堆堆從海床疊起高約2公尺的青花瓷碗，真是奇蹟般的發現！

哈察十萬火急趕回來，親自潛水探索，果然看到一座其大無比的積堆，大過他一輩子看過的沉船，四散在隆堆的瓷器數量，如果拿蓋德麻森號撈獲來相比，蓋船簡直是小巫見大巫。

哈察是老手，僅在沉址停留數天，採集幾件瓷器標本，隨即把「不歇庵」直駛新加坡，在那裡拍照存証，然後飛往倫敦找到佳士得的老友施福（Colin Sheaf）做專家鑑證，根據施福鑑定，這是一批18世紀中期銷往東南亞國家的中檔瓷器。施福説得客氣了，應該是19世紀的外銷瓷，數量龐大得驚人，三十五萬件。

▌德星船貨

德星船貨主力是德化白瓷和青花瓷，所以拍賣精品亦以青花瓷餐具為主，包括成套以纏枝靈芝作母題的飯碗碟、菜碟、醬油碟、湯碗碟及湯匙、茶杯碟等，這類靈芝紋飾母題一向不多，顯得格外新穎。

但是這批青花瓷內卻有大批較粗糙的青花碗碟紋飾採用蓋印瓷（block printing）技術，這類蓋印並不同於西方銅版轉印（transferred wares）。中國印刷術是木刻版（wood block）刻字，或在木板雕刻圖畫，印在布料上非常快捷，整齊美麗，當年印度的印花布打垮英國布業就是靠這種技術，中國從唐朝開始便有印花布，影響日本的浮世繪。但是如要印在不是平面的碗碟邊緣，木刻印便有困難。筆者

德星船貨主要載運德化白瓷和青花瓷

成套的青花瓷餐具包括以纏枝靈芝為母題的飯碗碟、菜碟、醬油碟、湯碗碟及湯匙、茶杯碟等

青花瓷

右二圖　紋飾採用蓋印瓷技術的青花碗碟

請教香港資深陶瓷專家姚開騏先生，據他說木頭太硬不宜，是用番薯雕印，軟硬適中。先用棉布數層鋪在硬木板或玻璃上，用毛掃沾青花料均匀掃在棉布上，與印台（inkpad）相似，要印時就用毛掃點水掃濕棉布印台，番薯印就在印台上沾料轉蓋在泥胚上，待乾後再加一層透明釉，入窯燒成釉下青花蓋印瓷。

　辨識蓋印瓷與手繪瓷不難，蓋印千遍一律，手繪手人人殊，總有差別，譬如青花花籃碟，雖是同一花籃，手繪便各式各類，野趣橫生。同樣，手寫福字青花小碟也是一樣，隨意而寫，筆走龍蛇，有福字，有為字，有遮字，文字成為一種視覺符號，識字人，可以聯想；不識字人，也在視覺構圖得到滿足。

　大型青花尿壺具有統一風格，出自同一窯廠，借開光展現青花山水兩岸，亭台樓閣，或是翠竹花卉，沉船中亦有其他釉色尿壺，但並不統一。瓷偶中有數百個藍肚兜露出小生殖器娃娃偶最具特色，從清初

本頁圖 辨識蓋印瓷與手繪瓷不難，蓋印千遍一律，手繪手人人殊

開始，南洋沉船便不斷充斥著此類童男童女娃娃，應該是海外移民的一種繁殖崇拜（fertility ritual）求子得子，求女得女。惟德星船貨全部是童男，可見傳統的重男輕女觀念，仍然根深蒂固於海外移民心中。

數百件藍肚兜瓷偶

　　大量的青花圓蓋盒代表著多項用途，更有大盒藏小盒的白瓷盒中盒，用作胭脂水粉（有時遂稱粉盒），或裝印泥或裝小飾物，盒蓋青花描繪亦是多姿多采，游魚曼

大型青花尿壺

繪有翠竹花卉的青花尿壺

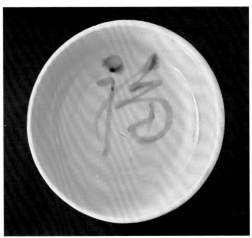

左、右圖　手寫福字青花小碟有福字，有為字，有遮字

51

遊魚青花瓷盒

【詩文】

尋詢——「德星」號沉船「遊魚青花瓷盒」

詩文／張錯

游魚珊瑚海藻，五顏六色紛紛擁上
陪伴左右，烈火紅焰頓然煙飛灰滅
海水碧綠，有如春天田野阡陌
一望無際油麻菜籽，垂楊直柳
錯以為是故里家園，衣錦榮歸
鄉親執手相詢
霜髮何時開始？
齒齦何時鬆落？

一切不再回頭，沉船盒子繼續下降
遊魚遊戈透明白釉，永遠藍白天空
時間停頓在翻騰動作，永遠不息
一種力透心坎的律動！
密碼沉在海底，信息等待重見天日

然而真相大白又如何？
扼腕嘆息落淚又如何？
古老輾轉相傳的古老故事
依然發展成另一個更古老的故事！

會有歸宿嗎？盒子主人是誰？
歸宿又如何？會偕老、生死與共嗎？
盒內一抹紅痕令人生疑
胭脂水粉殘漬麼？
賣身爪哇蔗田蓋印紅泥麼？
兩千男女婦孺一生掌故
小小沉船瓷盒能盛滿麼？
也許也許，這個德化青花遊魚瓷盒
不過是海水浸濡肉桂後紅妍餘漬吧。

衍，梅蘭菊竹，各擅勝場，其中有一類頗為精緻的六稜青花藍盒，釉色紫艷，艷壓群盒，極是出色。

德化白瓷名聞中外，西方稱為中國白，自非虛傳，其中玄妙可能是採用景德鎮配方或燒好的白胎來到德化後，再加工釉料而成，德星號載運的白瓷晶瑩絢淨，捧碗在手，有如無垢白玉，光華內斂，是船貨白瓷上品。另有小量開片瓷瓶及盤，以及有蓋模印盒中盒，大量的大、中、小白瓷飯碗、湯碗。

至於撈起一些不屬船貨的零碎陶具，應是兩千喪生大海的移民船上用品，包括閩粵一帶常有單柄瓦罉藥煲，黃泥火爐等等，令人看到心鼻皆酸。另有墓碑一塊，上刻「赤嶺顯考廷柱楊公墓」，紀年「道光貳年端月置」，赤嶺在福建漳浦縣，德星號應為道光年間出海的中國大帆船。

大盒藏小盒的盒中盒白瓷

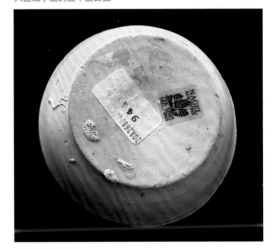

盒中盒白瓷底部

瓦罉

晶瑩絢淨的德星白瓷

六稜青花藍盒，釉色紫艷，艷壓群盒，極是出色

第4章

頭頓船貨・青花亮麗
（Vung Tau Cargo）

▌一、

且說越南社會主義共和國的南部海域，距離避暑勝地頭頓（Vung Tau）約100海哩有崑崙列島（Dao Con Lon，越南語為島崑崙），主島崑山島（Dao Con Son，島崑山）。崑崙列島是越南頭頓省的一個群島，由大、小十五個島嶼（有點像澎湖列島archipelago）組成，現今泛稱為崑島（Con Dao Island），該島在《馬可波羅游記》中曾以Condur之名出

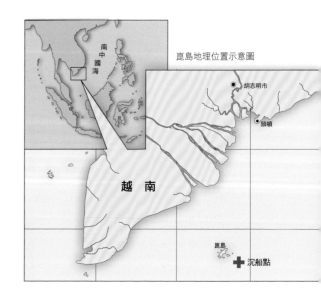

崑島地理位置示意圖

現，並謂崑島是中國與印度海路上最重要島嶼之一。1702年英國東印度公司曾在崑島南部海岸建立了一個據點，但在1705年被摧毀。早在17世紀，中國貨船沿江浙閩粵海岸線前往南洋，崑島便是從越北開去泰國灣繞往印尼群島的最後一個清水補給站。可以想像當年船舶帆篷，桅杆林立，一旦補給完畢，又是鳥獸散各奔前程。

1989年有越南漁民在群島附近珊瑚礁線釣（line fishing）釣礁魚，但釣起的大都是礁石中上層的魚類。他不甘心再開往遠處，發現一塊獨立珊瑚礁，海底深處釣起很多紅鯛，於是便把附近島嶼作定點牢記，每

次前往均有所獲。有次線鉤無意釣起一大塊生銹鐵釘凝固物，黏附著青花瓷，遂帶回頭頓求售於古董店，老闆一看心中有數，很客氣給他一點小錢，叫他再前往撈搜，一定給他好價錢。果然他又前往數次，因已有島嶼定點位置，把鉤獲的瓷器帶回頭頓時獲得高利。於是變本加厲，夥同其他潛水漁民，亦無什麼氧氣罩設備，打撈用具亦僅靠一座油漆壓縮機（compressor）及一條長膠喉管圍在腰間潛入海底做疏浚（dredging）撈取，但已撈獲甚豐，一時傳遍香港、新加坡、印尼等單幫買賣商及收藏界，終於紙包不住火，引起官方注意，封鎖海域禁止私人打撈，並採取行動於1990年與新加坡資深打撈公司的瑞典潛水專家霍斯道姆（Sverker Hallstrom）簽約前往沉址，完成對該沉船及其貨物鑑定，再由澳大利亞籍潛水員邁克‧弗萊克（Michael Flecker）負責打撈及考古挖掘（此君後在2001年參與越南打撈「平順船貨」（Binh Thuan Shipwreck）的明代萬曆漳州瓷沉船，並由佳士得於2004年在澳洲拍賣，此是後話不提）。

　　沉船打撈分析報告推斷，1690至1700年左右（康熙年間），一艘大貨船從中國前往印尼荷屬巴達維亞，船上瓷器已由荷蘭東印度公司在該地訂購並準備分裝轉運荷蘭各地。途經越南頭頓崑島海面沉沒。也許颱風雷電來襲，或南海海盜劫掠燒船，或國人船上開炊煮食，失火常有，沉沒原因至今無法落實，但打撈時發現船身板塊確有燒焦黝黑痕跡。撈起瓷器總計有四萬八千二百八十八件（當然原船不止此數，起碼一倍以上），包括最具特色的景德鎮青花瓷。因為季候風關係，打撈費時兩年，直至1992年4月才由佳士得選定兩萬八千件瓷器在阿姆斯特丹分兩天拍賣，定名為「頭頓船貨」（Vung Tau Cargo），售出總金額高達730萬美元，以當年沉船海撈瓷器拍賣價來說，已屬天價了。越南頭頓沉船博物館保留所有代表性的頭頓沉船瓷器樣本，餘下陶瓷則由霍斯道姆公司和政府協調，分配越南各地。

　　佳士得拍賣就在阿姆斯特丹希爾頓飯店內幾個大廳房，與1986年拍賣「南京船貨」同一地方，不同的是「頭頓船貨」沒有什麼船上個人物品，只有一些萬曆通寶、康熙通寶銅錢，一塊普通石硯及幾枝墨條（inksticks），其中一條上有模印「庚午」二字，即西曆1690年，

然而亦不能以此年作截止期（拉丁文：ante quem；英文：time before which），認為不會早於1690，也許這枝墨條已使用或買了一段時日。

▍二、

1992年「頭頓船貨」拍賣時循例出版了一本目錄《頭頓船貨——中國外貿瓷》（*The Vung Tau Cargo–Chinese Export Porcelain*），共一百三十二頁，主題清晰明確，以組件拍賣（lot）為主，一圖含數件或數十件瓷器，圖片設計匠心獨

左圖　《頭頓船貨——中國外貿瓷》拍賣目錄之書影
右圖　《頭頓沉船瓷器——霍斯道姆海撈發掘》一書書影

具，突顯各類青花瓷具用途，尤其用作壁櫃裝飾（garniture），而非日常用品，印刷精美，前有介紹序言。

另一本專著《頭頓沉船瓷器——霍斯道姆海撈發掘》（*Porcelain from the Vung Tau Wreck–The Hallstrom Excavation*, Sun Tree Publishing Ltd., UK, 2001），分別由約赫（Christian J. A. Jorg）及弗萊克（Michael Flecker）合著，雖是合著，各有千秋，看來是二書合併出版，約赫部分著重瓷器分類用途，弗萊克部分注重打撈經過及沉船構造。此書深具參考價值，是目前研究頭頓沉船唯一的完整參考書。本文部分內容，亦是參考該書及拍賣目錄圖片而成。

研究沉船外貿瓷，不能只注意打撈出來什麼瓷器、什麼年代？更應該注意「為什麼」是這些瓷器在這些年代？它們在未分配零售以前，能夠以悲劇命運碧沉大海數百年，再次以完整（或接近完整）的大團圓面貌，重出生天呈現世人，那又是多麼難得的完整樣本研究！

物之為物，除了歷史文化背景，它們命名為何？為何有此物？風格為何？為何有此風格結構？約赫及弗萊克在頭頓沉船研究的著力點，

正是朝著本文提到物質文化裡「物」的意義。約赫介紹荷蘭東印度公司背景以及東方通商航運歷史，繼而細述頭頓船貨內康熙青花瓷特色與這批船貨用途，多是精緻青花茶杯碟，並無碗碟，與南京船貨迥異。另外較為粗糙的漳州瓷（swatow wares）可能是分銷往東南亞瓷器，包括一批德化白瓷碗件，質素不錯。另外又有一些閩粵生產的民窯（provincial wares）青花碗盤，雖然難登大雅之堂，但大富之家用作傭僕廚房用具，也有可能，並不一定要分銷各地。

弗萊克糾正有關漁夫發現沉船瓷器經過，拍賣目錄簡略介紹越南漁夫的拖網漁船在崑島附近海域拖網掃撈一些蝦蟹貝類等海產（shellfish），而事實上漁夫卻是在一座珊瑚礁上，線釣紅鯛魚，鉤子觸及海底的頭頓沉船殘件。

弗萊克是專業潛水員，也注重沉船結構，船雖殘缺不全，但殘件結構重整，仍可看出是一艘仿葡萄牙「老閘船」（lorcha）的大型中國大眼雞三桅帆船（junk，或稱福船，改裝後由平底轉為兩端尖向上翹的尖底船），種類大小應近乎本書第三章的德星貨船。老閘船是一種三桅帆船，葡人約於1550年在澳門開始製造，結合東、西帆船設計優點，

三桅帆船的船身結構圖　清　徐葆光　封舟圖　收錄於《續修四庫全書史部地理類》6卷，徐葆光，《中山傳信錄》。

即是船身（hull）採用葡萄牙船或歐洲船設計，由平底改為尖底，行駛更加快捷，載量也增加。船艙保留中國船的水密艙壁，是一種提升船舶安全性的造船設計技術，將船體區分成許多個船艙，使各艙室分隔（compartmentalized），互不相通。水密艙壁在規範的水壓條件下，不會滲透入水，一旦某幾個隔艙發生破損進水，水流不會在其間相互流動，如此一來船舶在受損時，依然能具有足夠的浮力和穩定性，進而減低立即沉船的危險。水密艙壁是中國木船在中世紀已開始的獨特發明，西方要到19世紀製造鋼鐵船才開始採用這種設計。1921年首航大西洋，號稱永不沉沒的英國郵輪鐵達尼號（Titanic）內部劃分為十六個水密艙室，每個隔艙都建造一個與船體寬度相符的防水艙壁；總共有十五道，艙壁高度至少都延伸至甲板底部，通常是和一個甲板連結，每道艙壁都有垂直滑動水密門可以密封。

風帆採用中國帆船的板條帆（batten sails），為了延長風帆的耐受度及壽命，中國三桅帆均用橫板條風板支撐帆布的風力。這次打撈值得讚許之處就是弗萊克不像南京船貨的哈察，後者只顧搜撈沉瓷，前者則指揮他的二十個越南潛水夫除打撈外，還要注意海底殘船骸體的整體結構。 讀這幾章沉船在三百年後的海底狀況，就像上了一堂海洋帆船史，或是老闆船與中國帆船混合（hybrid）的結構研究課。弗萊克潛水看到沉船就指出雖已三百餘年，船身並未腐爛，並非那些尋寶書籍一般描繪得腐朽不堪，沉骸遠看不過像一堆珊瑚覆蓋沙堆，海底一片黃沙，游魚曼衍，到處鋪滿瓷器破片。船表面有極大破壞痕跡，很明顯是漁民曾用炸藥想炸開船艙，急促取寶，怎知爆破失敗，也破壞了魚群生存棲居在這珊瑚堆生態。

開始打撈時破片太多，他們終於決定只要撈取百分之七十的完整瓷器，撈取辦法仍用喉管疏浚海底的方法，因為瓷器數量太多，採用欄柵劃界分別採撈，收採後把沉瓷分別安放

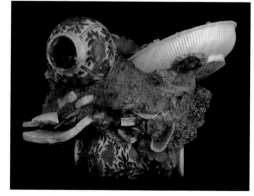

從海底打撈起的瓷器與碎片。

在有顏色辨別的透孔塑膠箱，四箱一組，裝滿後放在一個大鐵籠吊上來，再在船上把瓷器分門別類，這種工作據說有時比潛水還累。

沉船考古方面，頭頓沉船是一艘如假包換的中國帆船與葡萄牙老闆船之「混合設計」，所以潛水人員特別注意船身結構及組件，首先發現三個厚鐵實心繫在軸舵（rudder）的「舵樞」（gudgeons），中國人發明「軸向舵」（axial rudder）遠近馳名，船艉可利用纜繩（cable）升降、用來控制航向的艉舵。舵桿並非固定在船艉特定的位置不動，而是懸掛在船艉以纜繩來操控，平常在深水航行時放低，舵的底端甚至還會比龍骨更低，因此遇到淺水域時，需要抬高以避免擱淺。這種升降舵的方式，在深水域時可以增加舵的浸水深度，除了能增加舵在水下的側向投影面積外，也增加了船的操控性能。軸舵分別用舵樞鎖住，沉入船底避免偏航，難怪潛水人員看到這三個厚鐵航樞如此興奮，因為藉此就可分辨出船頭（bow）或船尾（stern），再循船尾大量有燒焦痕跡的「橫樑」（transom）前進，就可發現船底的正龍骨（proper keel）及副龍骨（false keel），分別用鐵釘釘住，全船木板銜接用桐油（t'ung oil）及「朱南」灰泥（chu-nam，通常是混合一份水泥、三份熟石灰和二十份黏質腐泥土製成）塗上，防止鐵釘鏽蝕及填滿板隙空間。

船身結構方面，可以看出這些三桅大貨船在弗萊克眼中，堪與明代出海大洋的「封舟」相比。所謂封舟，據載就是明朝供冊封使臣專用的船，也是宣揚大明國力、軍力的載體。所以封舟不僅做工堅固，而且武備也很先進，船寬4丈，桅杆高達18丈，船長18丈，排水量接近千噸；不僅船大，武器也很精良。據《使琉球錄》（明朝時琉球國為明朝藩屬，在琉球國王過世，世子繼位時，明朝都會派出冊封使，前往冊封，後由冊封使留下的官方紀錄中，有三篇同名為《使琉球錄》著作，下面引用為明嘉靖使節蕭崇業所著之《使琉球錄》上卷內容記載）：「過海防船器械，舊規弗朗機銃二十門、鳥銃一百門、碗口銃十門、袖銃六十門、藤牌兩百面、長槍六十枝、鏢槍一千枝、鐵甲一百副、盔一百頂、腰刀三百把。」為了保證使團安全，封舟還可以搭載二百名水兵。

弗萊克要指出不是封船武裝，而是它與中國貨船一些結構相似。他找到一張明朝封舟木刻版畫，分別指出該船結構名稱，尤其船舵與龍

骨、繩索間的位置，雖然封舟一些名稱不同，譬如軸舵叫鐵力柁，繩索叫肚勒，三桅風帆主帆叫大蓬，船頭帆叫頭蓬，船尾帆叫尾蓬。大蓬與頭蓬為板條帆，尾蓬為布帆。因為鐵力柁畫工太簡陋，又找出英國一家博物館收藏的中國帆船照片，顯示稍為拉高的軸舵，及另一張西方船舵的素描，清楚顯示軸舵上的舵樞。

沉船並無留下證物顯示有多少人員，但早在1830年殖民地時期英國派駐新加坡的英皇代表新加坡總督約翰·克勞福醫生（John Crawfurd）就說過，中國帆船僱用人手要比歐洲船來得特別多，那是因為操作軸舵、纜繩及鐵錨特別費人力，大幅笨重的四方風帆也難以操控。除了貨物，乘客方面按照荷蘭東印度公司紀錄內載大概可分作兩類。一類是商人與他助手從船上水手租賃船艙空間使用，另一類就是大批賣身到南洋去做苦力的「豬仔」。

▌三、

像許多開往巴達維亞的大貨船，頭頓沉船攜載的貨物不只是外貿瓷器，還有大包、小包鉛皮（lead sheeting，有點像今天的錫箔tinfoil，但來得厚重堅固）包裝好的茶葉，因為數量不多，懷疑是特製上等茶葉以供同時購買青花茶具的高級顧客，更顯示出這批青花瓷器不是一般平民商業用品。除茶葉外，還有一束束已燒成焦炭的生絲，也是隨船外貿正常貨物。

由於許多燒焦痕跡，可以肯定船沉沒乃來自一場大火，起火原因卻無從追究。但由於攜載景德鎮特別設計的青花瓷，使頭頓沉船成為一艘與眾不同的外貿貨船，特殊性不只是其與老閘船結構混合的船體，而是載運青花瓷器與過往出口瓷器功能與紋飾不一樣。這是由明入清「過渡性瓷器」（transitional wares）的一個現象，頭頓船貨燒製於康熙年間1680至1720年，在這以前，明末天啟、崇禎（1621至1644）國庫匱乏，民不聊生，景德鎮官窯一蹶不振，遂轉入民窯燒製外銷瓷器以求出路，這種情況一直延續到清兵入關順治年間。

康熙解除海禁後，國家強盛欣欣向榮，海上絲綢之路重新開展，西

洋輸入的琺瑯彩更為景德鎮彩瓷注入新生命，加上西方傳教士帶來的世界觀，也讓精湛藝品不再限於大內宮廷消遣雅賞，還吸引西方皇室貴族青睞。

於是康雍乾三朝的景德鎮又回復當年十里長街鱗次櫛比，別肆延袤數十里，燈火近十萬家的盛況。龐大的瓷器產量以純粹商業考量出發的荷蘭人來看，簡直是千載難逢的巨大商機，資料顯示，從1680到1720年間，一年內航駛出入巴達維亞的中國貨船就高達十二次，也就是說，每月至少有一艘貨船前來這座貿易中心（entreport）城市。從船頭到船尾長約140英尺的三桅帆大眼雞貨船，比起「荷蘭東印度人」（Dutch East Indiamen）的大型貨船不遑多讓，且設計新穎實用，深具巧思，帶給隨船行商的船長、水手們不少空間方便。

這種現象帶來中荷貿易一個新的契機，精明的荷蘭人開始讓中國貨船載滿貨物前來巴達維亞給荷蘭東印度公司購買。在荷船航返荷蘭以前，他們不需冒任何風險，不需付出任何開支，而中國商人卻因極想做成買賣，來回兩趟一賣一買，帶回中國又可再賣出一趟，甘願付出昂貴關稅，可謂百利而無一弊。巴達維亞總督歐荷恩（Willem Van Outhoorn）幾年內不斷向荷蘭東印度公司的十七位紳士進言，希望接納這種分段載運的貿易方法，而不需讓荷蘭船全程開到中國去。

荷蘭東印度公司（ＶＯＣ）的組織，是由位於阿姆斯特丹（Amsterdam）澤蘭省（Zeeland）的密德堡市（Middelburg）、恩克華生市（Enkhuizen）、代爾夫市（Delft）、荷恩市（Hoorn）、鹿特丹市（Rotterdam）六處的辦公室所組成，其董事會由七十多人組成，但真正握有實權的只有十七人，被稱為十七紳士董事會（Heren XVII），分別是阿姆斯特丹八人、澤蘭省四人，其他地區各一人。荷蘭東印度公司是第一個可以自組傭兵、發行貨幣，也是第一個股份有限公司，並被獲准與其他國家訂立正式條約，並對該地實行殖民統治的權力。十七紳士終於接受荷恩的建言，把單幫中國貨船編列購買預算，從此有一段時間輸入均靠中國貨船把瓷器帶到巴達維亞，但並未完全停止荷蘭商船直接開往中國貿易，尤其康熙平定三藩之亂後，為了振興沿海地區長期凋敝的經濟，決心解除明朝以來三百餘年的海禁，實行開海通商政策。1685年

（康熙24年），清政府首次以「海關」命名，在東南沿海正式設立「四大」海關：廣州的粵海關、廈門的閩海關、寧波的浙海關、上海的江海關。荷蘭可以在這四大商埠直接貿易，這也就是1752年滿載「南京船貨」的荷蘭商船蓋德麻森號於印尼外海觸礁沉，其他在南中國海沉船多為中國單幫的中國商船，頭頓船貨、德星船貨即其中一、二例。

中國商船湧入巴達維亞幫助荷蘭東印度公司減輕成本，增加貨源，但隨即立竿見影，利弊互見。本來荷蘭東印度公司及英國東印度公司的陋習就是對出海的僱員，從船長、押運長（又稱貨監，supercargo）、大副、二副、水手的待遇非常低廉苛刻，毫不理會隨船出海的風險、疾病或意外。唯一能公開補償的「福利」，就是讓他們自行帶貨隨船回英國或荷蘭販售，賺回一筆錢當作津貼。

這些荷蘭商船人員很快就與中國商人勾搭上，熟悉行情後，再和其他單幫隨船商人（trading merchants）聯合，用私營商人（private trader）的身分把貨物買入，再隨船（不用繳交運費freight charge）運入荷蘭，品質絲毫不遜公司訂購的貨品，款式更新穎且符合潮流，再以較低價格賣出，交易越演越烈，充斥市場的私貨越來越多，一時瓷器在荷蘭的供應鏈臻達飽和狀態。十七紳士發覺賺不到錢，氣急敗壞去信巴達維亞，命令船隻禁止私人銷售，不許隨船攜帶貨物回荷買賣，訂購方面停止盤碗購入，只需茶壺、茶杯及碟，同時紋飾及造型方面要新穎（new inventions），前所未見（and of such kinds that never have been here）。

這也許就是頭頓沉船攜帶的景德鎮青花瓷最大特色，主要項目的杯碟酒器，即是陶瓷學所謂的「開放型」（open shapes）和「封閉型」（closed shapes）的分別，前者指直徑大於其高度的盤碟、碗罐。後者長度往往大

於寬度，即是其高度相等或大於其直徑的茶壺、杯子、芥末瓶、大口長杯（beakers）及馬克杯（mugs）等。而船貨中封閉型多於開放型，其中飾瓷（garniture）占一大部分，青花瓷占頭頓船貨百分之七十，其他百分之三十屬德化白瓷及漳州窯碗碟。這百分之七十的青花瓷一旦露相，令人眼睛一亮，為之驚豔，拍賣價總數高達750萬美元，一點也不令人驚奇，只留下拍賣數量太少的遺憾。種類大概可分：有蓋大酒杯（goblets）、有底座的圓盤（tazza）、長型酒杯（wine cups）、有蓋圓筒型飲器（cylindrical beakers）、小型酒杯（miniature wine cups）、葫蘆型盛水瓶（gourd guglets）、軍持（kendis）、飾瓷系列（garnitures）、茶壺（teapots）、各式茶杯碟（teacups and saucers）、水壺及水杯（jugs and mugs）、香料小碟（spice dishes）、有蓋欄杆開光瓶（baluster vases）、觚瓶（gu-shaped vases）、德化白瓷器（Dehua blanc de chine）、漳州瓷（swatow wares）、油燈碟。

　　造型方面很多明顯地符合了十七紳士要求，做到新穎且前所未見，放棄中國傳統造型，代以西方飲器造型，紋飾則仍用傳統纏枝花卉，加上康、雍兩朝流行的花卉開光分欄畫法（baluster），造成中西合併效應，前所未見。飾瓷系列方面，與當時歐洲建築房屋設計有關，西方古代屋內便有壁龕（niche）以安放雕像的設計，就像中國寺廟或石窟安放千佛一樣，但後來房子不可能如此，於是便多安放在廚

左、右頁圖　青花蓋杯

左、右圖　德化白瓷碗

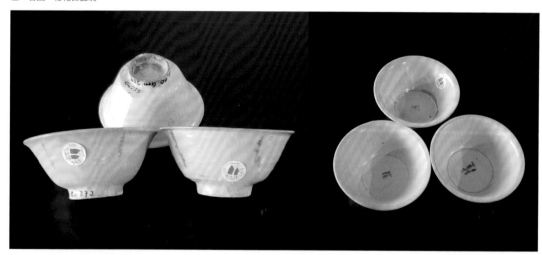

左、右圖　德化小號白瓷碗

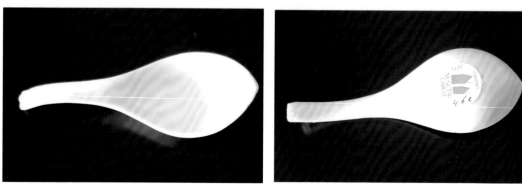

左圖　白瓷湯匙；右圖　白瓷湯匙（反面）

漳州瓷油燈

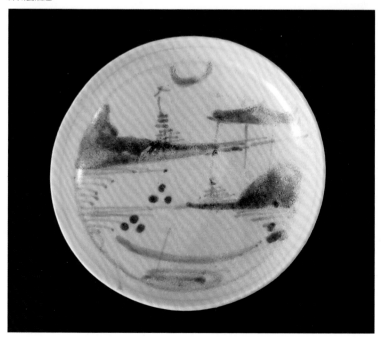

漳州瓷碟

有底座的圓盤

軍持

長型酒杯

有蓋欄杆開光瓶

有蓋圓筒型飲器

房（Porzellankabinetten, cabinet porcelain）、廚櫃（kitchen cabinet）或壁爐架上，所以法文稱這種飾瓷為「壁爐華飾」（garniture de chiminee）。貿易瓷器一旦流行，且被視為高雅藝術品，歐洲人遂以此為家中擺設炫富及炫耀品味。

　　擺設飾瓷的流行，與晚期巴洛克（late baroque）法國建築師馬侯（Daniel Marot, 1661-1752）的建築風格及室內設計有密切關係。馬侯出自建築世家，1685年舉家遷往荷蘭，受聘於荷蘭省督，即是後來英國的威廉三世。1694年隨威廉三世抵達倫敦，被任命為主要建築師之一。1698年威廉三世去世後返回荷蘭度過餘生。他最有名的建築在荷蘭的「羅宮」（Paleis Het Loo），是為威廉三世與瑪麗皇后所設計的宮殿，威廉三世繼承英格蘭與蘇格蘭王位之前，曾與瑪麗皇后居住於此。從他許多室內設計藍圖都可看到對瓷器擺設的重視安置，間接也影響外貿瓷另一風格的轉變，不注重器物實用（as table wares），而轉向器物裝飾功能（decorative items）的配合。（有關飾瓷資料，可參 拙著《遠洋外貿瓷》第四章「外貿瓷的故事」，台北：藝術家出版社，2019，48–60頁）。更由此可見，私營商人對於提升品質與開發款式功不可沒，從前是小量貨品跟著公司的大量貨品走，現在倒轉過來，追求精美高品質的商品路線反而成了帶動荷蘭顧客對外貿瓷的品味興趣，譬如一些調味料（condiments）用器，如交叉雙流油醋調味瓶（cruet）、胡椒瓶、芥末瓶，及不斷翻新的茶、咖啡杯碟，配合時代社會潮流，要求景德鎮窯工按照樣本模型依樣製模燒造，不再鬧出長崎出

觚瓶

觚瓶

觚瓶（側面）

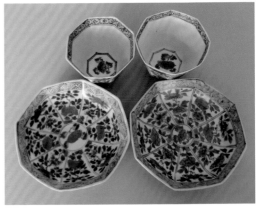

左、右圖　八稜開光花卉青花茶杯及碟

島青花盤的笑話。

　　於是私營商人成為荷蘭東印度公司晚期外貿瓷滯銷下另起的一支新軍，從前所謂的私貨，隨同公司貨品公開一起拍賣（英國、荷蘭東印度

一系列青花飾瓷

公司的茶葉、茶和咖啡壺、杯碟、牛奶壺、糖罐都比成套餐具service暢銷），已成公開祕密。

1790年5月倫敦英國東印度公司總部寄給留居在廣州的押運長們一封信這樣說：「……假若你被引導去相信……私營的中國瓷器質素遠不及公司貨品，那就顯出你知識淺薄有眼不識泰山了，事實上剛好相反……我們這裡有機會從買賣管道去比較兩者貨品，就連價格也能證明這事實，簡直無法爭辯。」

這封信被侯活（David S. Howard）引用在他替美國達拉威州明清瓷器大收藏家豪卓羅夫夫婦（Doris and Leo Hodroff）編纂的《私營商人的選擇》（*The Choice of the Private Trader*, Zwemmer, London, 1994）一書導言，用意就是指出私營商人已經後來居上，公司

飾瓷

微薄的薪水、津貼已經無法滿足船上人員私下向景德鎮訂購或選購的努力或判斷。由此一來，頭頓沉船瓷器代表著兩種可能，它們是荷蘭東印度公司利用中國帆船駛往巴達維亞轉運往荷蘭的貨品。但更大可能是私營商人訂購的商品，由中國帆船駛往巴達維亞，等待荷蘭東印度公司商船接駁運送往阿姆斯特丹。最後，在這本書的獻詞這樣寫：

To the supercargoes and captains of the East India Companies, without whose labours there would have been no porcelain shipped from China for the Private Trade.

獻給東印度公司押運長及船長們，沒有他們的辛勞血汗，將不會有瓷器自中國輸出給私營買賣。

第 5 章
金甌沉船・雍正青花
（Ca Mau Shipwreck）

一、

　　1998年夏天越南國營報紙《青年報》（Tuoi Tre）首先報導金甌沉船的消息，有兩個來自平順省（Binh Thuan）咸新縣（Ham Tan）的阮氏漁民兄弟，在金甌岬（Cap Ca Mau）90多海哩外發現這艘沉船，一直暗中打撈拋售，撈獲不少瓷器及金屬物件（metal objects）。所謂金屬物件多屬船艙下層壓艙重物（ballast），在沉船遺物中甚為多見，金甌沉船共有三百八十六塊鉛鋅錠（lead-zinc ingots）。由於金屬製品質地比較細密堅硬，不容易腐蝕損壞，是上佳壓艙物，分放在隔板艙穩定載重平衡，上層再放較輕薄易碎瓷器、茶葉或絲綢，成為一般船隻貨物安放習慣。

　　官方獲悉隨即採取行動，扣押充公這些瓷器，由專家鑑定全屬雍正年間（1723至1735）江西景德鎮青花瓷、廣東汕頭瓷和石灣彩陶、福建德化陶瓷。景德鎮瓷出口遠洋，一般先取河運轉入珠江，再由廣州市沙面商行卸貨入大船後出海，金甌貨船自廣州開出，沿越南海岸繞往印尼群島的巴達維亞。

　　這兩個漁民被捕前究竟已撈獲多少、賣出多少已無從得知，1998年6月越南文化部成立專案小組，由河內國家歷史博物館副總館長阮庭戰南下主持發掘，同年8月開始裝備及打撈流程，一直到1999年共撈獲十三餘萬件完整瓷器，許多放棄撈起的碎裂瓷件大都是不良漁民用拖網刮撈破壞所致。打撈時木製船身已經腐爛，但有火燒焦痕跡，幾隻炒菜鐵鍋溶成一大塊廢鐵，可能起火地點就在廚房，一疊疊青花碗碟熔黏在一起，可見當時溫度之高，火焰之烈，估計已高達攝氏1400度或

華氏760度。船隻燃燒時間頗久，海床骸骨不多，推論大部分船員及乘客均能趁機逃生，但亦無法藉此斷論多少生存人數或海底亡魂。沉船打撈後，阮庭戰2002年出版了一本圖文兼備、二百五十八頁越、英雙語的調查打撈報告*The Ca Mau Shipwreck 1723-1735*（金甌沉船1723-1735）。

　　1990年代以來，越南在中南部海域多次進行沉船勘探與發掘，一共打撈了五艘沉船，年代從15世紀到18世紀，它們分別是廣南省峴港附近占婆島（Cham Island）15世紀沉船，頭頓省崑島1690年沉船（亦即「頭頓船貨」），金甌省1723-1735海域沉船（亦即「金甌船貨」），建江（Kien Giang）省海域15世紀沉船，平順省（Binh Thuan）17世紀沉船（亦即「平順沉船」），都有巨大數量瓷器沉落海底。

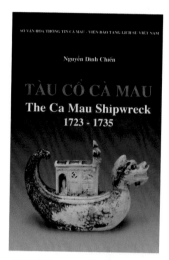

《金甌沉船1723-1735》書影

▌二、

　　2007年1月29至31日蘇富比在荷蘭阿姆斯特丹拍賣越南海域打撈上來七萬六千件康熙青花瓷，主題不叫金甌沉船，而稱「中國皇家製造」（Made in Imperial China），副題才叫「1725年前後來自金甌沉船的七萬六千件中國貿易瓷」（76000 Pieces of Chinese Export Porcelain from the Ca Mau Shipwreck, Circa 1725）。聞說這是蘇富比與越南政府經過長達四年協商才成功推出，拍賣權得來不易，蘇富比卯足了

蘇富比拍賣目錄封面以一行行青花及巴達維亞褚（Batavia brown）茶杯間隔排列，先聲奪人。

蘇富比拍賣不以金甌沉船為題，而是稱作「中國皇家製造」。

描繪荷蘭海牙濱海市鎮風光的青花大碟。

勁，出版厚達二百七十五頁精心設計的大型開本目錄，其精美處僅當年佳士得「南京船貨」目錄精裝本堪可媲美。

　　有些瓷器從紋飾看出是為歐洲市場而描繪，為名符其實的外銷瓷，約赫（C. Jorg）在目錄內指出沉瓷中有數十隻青花大碟描繪荷蘭海牙濱海市鎮席凡尼根（Scheveningen）風光，但見沙丘兩個戴帽人在走路，另一人放牛吃草，三個人看似東瀛人多過荷蘭人，背景海邊似有三張遠帆或三幢建築物，小山有燈塔或教堂之類，不倫不類。倒是根據美國紐約大都會藝術館收藏一隻描繪同樣景物的日本染付（青花）風景外貿瓷碟，此圖應指長崎灣（Nagasaki Bay）一個叫「出島」（Deshima）的人工島風景。當年荷蘭海上貿易的登記冊（registers），就包括有在印尼的巴達維亞，在日本長崎灣的「平戶」（Hirado）及出島的貿易紀錄。景德鎮窯工接到荷蘭訂單樣本時，常會馮京看作馬涼，認為是荷蘭風景，竭力描繪一些西方情調，結果野趣變得三不像。這種現象普遍存在於外貿瓷製品裡，雷德侯在《萬物》一書亦曾指出景德鎮仿荷蘭代爾夫（Delft）風格的一個青花盤子：「中國繪製者顯然不太敢肯

定背景中的教堂尖頂為何物，為保萬全，他又在前景草叢上加藏了兩個塔尖。」不過，雷德侯書中採用的圖片是早期侯活與艾雅氏（David Howard and John Ayers）根據美國外銷瓷收藏經銷商莫塔赫德夫婦（Mildred R. Mottahedeh and Rafi Y. Mottahedeh）的收藏合編寫成的《銷往西方的中國瓷器》（*China for the West: Chinese Porcelain and Other Decorative arts for Export Illustrated from the Mottahedeh Collection*, Sotheby Parke Bernet, London, New York, 1978）。本書採用另一圖

今日長崎灣「出島」上的一座教堂。圖片來源：英家銘教授提供。

長崎灣「出島」古地圖

日本「出島」古地圖

豪卓羅夫夫婦收藏的風景外銷青花瓷碟　　　　　　私人收藏的荷蘭東印度公司VOC青花盤

片來自美國私人收藏家豪卓羅夫夫婦（Leo and Doris Hodroff）在達拉威州（Delaware）的溫特圖爾（Winterthur）藏有同一隻景德鎮仿代爾夫的風景外銷青花瓷碟，並列載於豪卓羅夫外貿瓷收藏目錄《私營商的挑選》（*The Choice of the Private Trader*, David S. Howard, 1994, p.44）一書。

　　部分茶杯用「雍正年製」或「大清雍正年製」款識，以增身價。另有青花小茶杯下款「若深珍藏」，為雍正瓷追隨前朝康熙瓷印記，亦是仿自官窯款識。康熙晚年喜「若深珍藏」四字，取自《老君妙真經》「以無為而養其形，以虛無而安其神，以澹泊而存其志，以寂默而養其聲，以清靜而平其心，以精誠而存其志，以中和而存其神。安心游志，使若大水之自湛深。閒居靜處，使若蛟龍之自蟄藏。」

　　沉船另撈出康熙通寶、雍正通寶銅錢數十枚及印章兩枚，皆能加強此批沉瓷應屬清代1725年前後（circa）雍正瓷。其一印章雙面（double-ended）篆刻「潘亭采印」四字，現為越南博物館收藏，或許可連接入廣州潘啟官商人家族與東南亞貿易的密切關係（有關啟官或潘仕成資料，可參閱拙著《蓮草與畫布:19世紀外貿畫與中國畫派》2017，67-75頁），潘廷采可能是潘家的隨船商人及負責人，明清商人常有隨船出

海習慣，因為能夠藉此與外埠商人取得聯繫及簽訂更多訂單。任教於廣州中山大學廣東貿易研究學者範岱克（Paul A.van Dyke，他的博士導師是南加州大學歷史系研究「中國海運」（Maritime China）的專家John（Jack）E.Wills Jr., 1936–2017）強調潘廷采可能隸屬潘啟官的南洋貿易船隊，甚至居住巴達維亞。可惜潘廷采名不見經傳，是否來自潘氏家族，除潘姓以外，亦無其他佐證，僅僅一枚印章缺乏可信度，只帶來遠洋貿易瓷史一些浮想翩翩。

▎三、

從「金甌沉船」（雍正年沉瓷），加上本書前面三章「南京船貨」（乾隆年沉瓷）、「哈察沉船」（同前）、「頭頓船貨」（康熙年沉瓷），清三代天朝盛世外貿青花瓷的精華盡展眼前。

一般評價清三代青花瓷，多指康熙青花藍顯色像藍寶石灩麗（行家又稱寶石藍），分水渲染可把同一樣的浙青藍料，分別帶出濃淡深淺色階，類似中國水墨畫法的「墨分五色」，使畫面增加立體感。大清立國後，雍正時期工藝完全成熟，官窯獨步一時，瓷器產量大增，質量高超，紋飾花卉為多，幽雅嫻靜，構圖清新，層次分明。乾隆年間青花瓷仍是大宗產品，色彩穩定沉著，畫面渾厚，民窯青花亦頗精細，反映出對民窯製瓷業的重視鼓勵，促進民窯瓷業的發展與改善。

如果把這些評價用來印證四艘沉船瓷器，亦頗恰當，外貿瓷雖是民窯燒製，但康熙朝已開始「官搭民燒」，由督窯官監督製作，生產官窯，無形中卻全面提昇了其他許多民窯質素，民窯青花，青白釉度提高，胎質純淨，光澤細滑。雍、乾兩朝青花外貿瓷可分高、中、下三種檔次，高檔雅緻，負責描繪的工匠皆有國畫基礎，接近官窯，可惜產量太大，繪描應接不暇，囫圇影響質素，打回民窯本色。中檔靜雅大方，主題多取中國民間故事或掌故，以增飲者談資，饒富野趣，偏向寫意，出口數量最大。下檔胎質粗厚耐用，紋飾寫意，自在揮灑。若把這四艘沉船瓷器看作海上絲綢之路文化話語（discourse），以它們整批的「完整性」，追蹤各船風格的傳承、延續與演變，或是工藝的超越、創新與

上三圖　金甌沉船出水的瓷器主要是景德鎮的青花茶壺，茶杯碟以及壺杯碟配套

成敗，意義便不止落在運載什麼貨品，它們是一個「時間密藏容器」（time capsule），只要肯定其中一件瓷器年代，所有沉船瓷器便屬於這年代造型及風格，無可置疑。

十三餘萬件金甌瓷器僅是政府正式撈獲，盜賣不算、損壞不算（一般大船載貨多在二十萬件左右），拍賣七萬餘，差額約在五萬餘件左右，不知分放在越南各省博物館有多少？私人收藏又有多少？流向海外有多少？在七萬餘瓷器中，顯示出清代茶葉強勁的輸出力及西方飲

料選用調整，他們除了咖啡及巧克力為非酒精類主要飲料外，還喜歡上中國茶葉。泡茶、飲茶既然來自中國，器具自然亦步亦趨，甚至以中國輸入為正宗（authentic），以示道地。金甌沉瓷順理成章，以景德鎮的青花茶壺，茶杯碟，以及壺杯碟配套為大宗。蘇富比亦有見及此，拍賣目錄封面以一行行青花及巴達維亞褐（Batavia brown）茶杯間隔排列，先聲奪人。

「踏雪尋梅」青花杯碟

除了「若深珍藏」小茶杯沒有碟子，青花杯碟的風格都是相配的，主要有「踏雪尋梅」、「靈芝、麋鹿、青松」（福祿壽），「吉祥結圖案」（endless knot，常出現在佛教僧侶袍服及寺院飾物，為古老吉祥繩結），「穿川過橋」，「孔雀開屏」，「蝶戀花」，「山水」，「呂布貂蟬鳳儀亭」，「牧童放牛」等。

左、右圖 「穿川過橋」青花杯碟

「孔雀開屏」青花杯碟　　　　　　　　　　「山水」

「蝶戀花」青花杯碟　　　　　　　　　　「呂布貂蟬鳳儀亭」青花杯碟

　　青花茶壺款式完全脫離紫砂茶壺傳統規範，自出新套，但種類不
多，未若南京船貨多姿多采。未見西施壺，流行的高提樑壺想損壞極
多，皆不見，其餘大都圓肚型，壺身長圓，肚似匏瓜壺，劃界似瓜稜
壺，提手粗圓大耳。小茶壺玲瓏趁手，配小茶杯，細斟飲用。17、18世
紀外貿茶壺流嘴，不論大小，多是斜直子彈流（bullet spout）及另一種
彎曲流（curve spout），應是西方供圖指定製作。壺肚紋飾各有不同，

譬如「牧童放牛」青花茶壺杯套件，壺分大中小三種，杯分有耳無耳。
若右手提壺或杯，首見壺肚、杯身烈日下牧童騎牛前行，前有柳蔭掩
影，後有小牛跟隨。若左手提壺或杯，則見柳樹伸展入壺肚，下有靈芝
一株，兩隻飛鳥天空展翅，飛過山石牡丹及竹葉枝幹。壺頸、杯內頸、
耳背及流口均有紋飾邊緣（borders）。壺頂圓珠藍，壺蓋坡石分繪靈

牧童放牛圓肚型的青花茶壺

作者私藏青花茶壺與茶杯

青花茶壺與茶杯套組

「牧童放牛」青花茶壺杯套件

芝兩株，亦有紋飾邊緣，壺蓋
一旦蓋上吻合壺身，則兩緣合
併，天衣無縫，藍天白雲，放
牛吃草，逍遙自在，遂令西方
人飲茶觀賞樂在其中，不知有
漢，無論魏、晉。

　　金甌沉船屬雍正瓷，南京
船貨屬乾隆瓷，若是比較兩船
青花小茶杯碟，尤其是南京船
貨「水畔塔樓」青花小茶杯碟
（pagoda river-scape pattern，拍
賣大量推出），便發覺兩船的
茶杯碟，南京沉船優勝金甌沉
船，前者不止胎質輕細堅薄，
捧在手中，似無物，感有器。
淅料釉色渲染瑰麗，畫工技法
穩定，不卑不亢，不誇張，不
怯退，這是一個天朝大國的舉
止法度。

青花茶壺

飾瓷小瓶

　　釉色渲染技巧上，前面說過青花分水可以渲染如墨分五色，乾隆時
代畫工分水，濃淡得宜，有深有淺，翠紫欲滴，直追康熙朝寶石藍，愛
不釋手，觀諸「南京船貨」金魚大盤、隔水兩岸青花大碟、學者過橋青
花大碗、山水或花卉巴達維亞褚色大碗，信然。

　　當然如此評價，不能以一船定一朝，用兩船比較朝代在統計學上是
站不住腳的，統計利用概率論建立數學模型，再收集系統數據，進行量
化分析、總結進行推斷。僅以一船一型貨品比較另一船同型貨品，缺乏
系統數據，僅能當作抽樣調查，無法總結比較，更莫遑論彼此優劣。

　　至於康熙瓷的「頭頓船貨」茶壺杯碟又是另一類型，雖然造型有
別，有些大酒器為西方造型，但基本上全船瓷器皆以飾瓷紋飾主題，
開光花卉為主，茶壺杯碟亦不例外，因是高檔瓷，中國小茶杯一向缺

提手，也不用茶碟，外貿瓷茶杯加提手及碟子，都是西方習慣飲用，17、18世紀的英國、荷蘭已開始有茶館，婦女也開始利用這些場所作為高雅社交活動。中產階級也把飲茶，飲何種茶，用何種茶器視為高級奢華生活。到了1680年，茶杯帶碟才由荷蘭大批輸入以供國人使用，在這以前，沃爾克（T.Volker）在他研究巴達維亞荷蘭東印度公司貿易紀錄一書（*Porcelain and the Dutch East India Company,* Leiden, 1971, p.100），就指出茶杯帶碟當初是輸往阿拉伯（Arabia）回教國家，1645年間由印度北部海港城市蘇拉特（Surat，近阿拉伯海，1608年英國東印度公司設立第一個東方貿易據點）替阿拉伯葉門出產咖啡著名的海港城市穆哈（Mocha，現今通稱摩卡）訂購「五萬隻大小如平底配菜小碟（flat small dishes as large as a tasting-dish without foot），準備配搭移交過來的新款精緻小茶杯（to be used to handover thereon the small, fine, newly-devised tea-cups）」，「因為今天的突厥人已習慣用杯碟（which nowadays is a habit among the Turks）這樣喝咖啡了。」沃爾克另又在該書同頁註內加強說，「由此可見一斑，當時杯碟並用的創新實來自1645年的突厥人，在此之前，從未見到被提及。」

銷往中東地區的茶杯碟紋飾全部是花卉描繪，不繪動物或人物，應是伊斯蘭國家排斥的習俗。清三代貿易瓷器經常包括有佛教淨水軍持（kendi），也是因為途經印度及中東國家用來做水煙瓷壺的貿易因素。

開光花卉的青花紋飾飾瓷

清朝佛教淨水軍持貿易瓷

第6章
英國港腳船・黛安娜沉船
（The Diana Cargo）

▌一、

1817年3月4日沉沒在麻六甲海峽的「戴安娜號」（Diana）屬英國三桅港腳帆船（trading ship），與本書第三章馳往德星號拯救了一百四十人的英國港腳船「印地安娜號」（Indiana）一樣，來往於印度與中國廣州一帶，港腳船不同於東印度公司的「東印度人」（East

快捷輕便的三桅港腳帆船示意圖（圖片來源：Dorian Ball, *Diana Adventure*, 1995, p.56）

Indiaman）船，它在東印度公司登記註冊為東印度地區貨船，但不屬東印度公司，船主多為印度人或長居印度的英國人，屬單幫船。

像荷蘭在印尼爪哇的巴達維亞一樣，英國東印度公司也在英殖民屬地馬來亞的麻六甲、印度的加爾各答（Calcutta）、孟德拉斯（Madras）、孟買（Bombay）建立起貿易站（trading posts），吞吐東往西來，西往東去的海上貿易。趁著每年貿易風，船隻往來於英國、印度、東南亞國家、中國。前往中國的港腳船隨船貨品包括墨西哥鑄造的西班牙銀元（用來買取比西方便宜的中國黃金）、東南亞香料、孟加拉棉布（Bengal cotton）和印度種植泡製鴉片，自1780到1800年乾隆、嘉慶兩朝開始，鴉片便強勁輸華直落1830年道光年

船貨中包含有茶葉、明礬等物（以上三圖來源：Dorian Ball, *Diana Adventure*, 1995, p.150）

間的第一、二次鴉片戰爭。快捷輕便的港腳船負擔起往來於孟德拉斯、孟買與廣州的買賣，從廣州回程攜帶貨品包括茶葉、生熟絲綢、瓷器（主要為茶、咖啡杯碟及族徽餐套）、肉桂（cassia）、漆料、蒲草畫、檀香木通花扇、明礬、樟腦、蔗糖（soft sugar）、冰糖（sugar candy）、南京布（nankeen）。所謂南京布，並非特指南京出產的棉布，早期出口到歐洲的南京布，葡萄牙語和西班牙語均稱松江布，後來英國成為西方對華貿易主體後，英語稱謂的南京布方才取代松江布。南京布是有色布，耶穌會士資料中提到有藍色及赭色、淺藍或深藍色，以紫花為主色，又稱紫花布，並非儘是淡黃色。

戴安娜號隸屬加爾各答富甲一方大財主柏瑪（Palmer and Company）集團二十艘港腳船之一，趁春天季候風從廣州航抵麻六甲稍作停留繼航往孟德拉斯。由於拿破崙戰爭（Napoleonic Wars）到了1815年的第七次反法同盟，英國、荷蘭和其他歐洲國家共同聯盟對抗法國，麻六甲遂由英、荷合管，英國駐軍，荷蘭管轄當地政府。

戴安娜號當日早晨抵達麻六甲，船長萊爾（Alexander Lyell）準備當夜駛往孟德拉斯，因為身體不適，中午拜訪當地英國長官共進午餐後，

交待一切事務傍晚回到船上，與大副卡拉亭（James Crichton發音cry-tin）根據當年權威性的霍斯伯（James Horsburgh, 1762-1836）麻六甲海峽地圖，一起研究測量航線。霍斯伯是東印度公司當年最重要的水域測量員，曾為船艙服務員在遠東度過了大部分歲月，1805年返回英國用十年時間印製出版《東印度領航員》（East India Pilot），共有十五張海圖總結從英格蘭到中國南海航行指南。這些精準圖表，以及全面性的《東印度群島航行指南》（Directory for Sailing to the East Indies），亦稱《往返航行於東印度、中國、澳洲、好望角、及沿途海港指南》（Directions for Sailing to and from the East Indies, China, New Holland, Cape of Good Hope, and the interjacent Ports），使他在1810年獲得東印度公司水道測量學家的地位。

萊爾船長自霍斯伯的麻六甲海峽地圖注意到下面一段話：

吹東北季候風時，航往檳榔嶼、孟加拉或孟德拉斯的船隻需要特別小心靠近馬來亞那邊海峽行駛，因為有時海峽中段強勁的東北風及短促急浪（short sea），常會使海面船隻飄離東岸……要保持與馬來半島海岸6、7里的距離，但在經過丹絨吉寧（Tanjong Kling）與拉查多岬角（即今天的丹絨端燈塔Cape Rachado Lighthouse）時，絕對不能在3里內靠近那裡的暗礁險灘……丹絨吉寧灘頭一路過去都是海底暗礁直伸入海達半里到2里。10噚至11噚時，便有一塊經常露出水面的大石……。

因為身體不適，船長把航線畫好交代給大副卡拉亭後便入艙房舖位休息，一切就由大副在甲板處理，當夜月黑風高，視野不佳，並非理想航海條件。大副提心吊膽，戴安娜乘風破浪向前駛去，如果航程正常，不到數天便可抵達孟德拉斯。帆船在黑夜測量水深與調整航線，往往要靠鉛測手（leadsman）站在船弦把繫著量測繩索內藏牛脂（tallow）的空心鉛錘拋落海底，黏附到海床沙石及水草雜

帆船上的鉛測手在黑夜中以空心鉛錘測量水深的示意圖

物，拉上來就知道水深若干噚（1噚6英尺），噚數越少，越近淺水或碰到海底暗礁。每次喊報，都常帶鉛測手的習慣呼叫（leadsman's call），譬如2噚就叫「記二」（Mark Two），後來美國密西西比河汽輪鉛測手卻不這樣叫，改用鄉音把「二」叫成「吐溫」（Twain），這就是小說家馬克吐溫（Mark Twain）筆名的由來。

且說當戴安娜號的鉛測手從15噚叫到13噚，再叫到10噚時，聲音已充滿警訊，定是暗礁淺水了。大副急忙呼喊水手長查看，海面漆黑一片，桅桿上瞭望手也看不到什麼，說時遲，那時快，船已觸入一個環型礁（Karang Lintang）的花崗岩石暗礁，夾在岩石間，遭狂風巨浪衝擊瓦解，船長自艙房爬出來千方百計欲解除困境，都歸無效，只好下令放下救生艇讓船員逃生，自己和兩名印度水手卻被捲入大海消失無蹤。

上面描述不是小說情節，但卻有如身歷其境，那是因為大副、二副撤落救生艇時，隨身攜帶船長的航海日誌（log），他們整夜遍尋船長及兩名水手不獲，清晨順流划回麻六甲，並向荷蘭地方官員報告沉船經過，上面描述就是他們所作的補充。至於為何觸礁，後來才發覺船長忠心跟隨著霍斯伯的地圖指示，並沒有航行錯誤。問題就出在霍斯伯的麻六甲海峽地圖，雖有丹絨吉寧的海底暗礁警告，卻沒有標出另一塊環型暗礁（Karang Lintang）的位置，戴安娜號就是忠實依據航線闖入觸礁位置而沉沒。

■ 二、

發現這指南錯誤的人又是誰？他就是一百七十五年後發現及打撈起戴安娜沉船瓷器的潛水員杜連安·博爾（Dorian Ball），我們甚至可以說戴安娜號是博爾一手追尋並發現，沒有博爾，就沒有戴安娜，沒有戴安娜，就沒有沉船嘉慶外貿瓷。博爾出生英國，北非及南非長大，因對航海有興趣，中學畢業便考入南非海軍訓練學校，但隨即因顏色視覺測驗不及格，不能參加海軍出海，也無心讀大學，人浮於事，數年後飄流到東南亞，因有航海訓練，最後留在新加坡，當了一名臨時潛水員。說也有趣，本來他想往澳洲發展，但偶然機緣，讀到一本雜誌有關二次

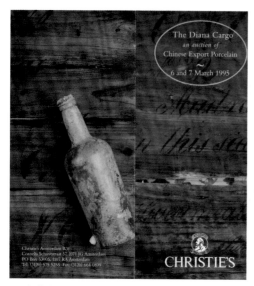

1995年佳士得的拍賣目錄——《戴安娜船貨》　　　《黛安娜探險》書影

大戰被英國皇家狩獵潛艇「呔力嗬」號（Tally-Ho）擊沉的德國U2潛艦（UIT23）在麻六甲海峽被撈獲的報導（見第2章），尋獲者並非別人，乃是在新加坡居住的邁克爾‧哈察。

　　1985年博爾成為哈察打撈「南京船貨」其中一名潛水員，參加打撈荷蘭商船「蓋德麻森」號行列，撈起十五餘萬件琳琅滿目的青花瓷器，這次投入經驗給他的衝擊很大，他和其他潛水員拿了一筆酬金後，1986年跑去阿姆斯特丹參加佳士得拍賣會的盛況。看到哈察名利雙收，激起他對追尋戴安娜號的興趣，但給自己說，他渴望的不只是另一次探險，而是「自己的探險」（my adventure）。

　　從1991年10月開始尋找沉船，歷時二十六個月，一直到1993年12月的一個清晨5點鐘，博爾終於發現沉船蹤跡，獨自潛下海底，花了六分鐘時間捧出兩隻青花大碟上來。此次打撈，一共起出兩萬四千多件完整瓷器，全屬清代嘉慶年間外貿瓷。1995年3月6至7日由佳士得在阿姆斯特丹拍賣，出版有拍賣會目錄《戴安娜船貨》（*The Diana Cargo*），另一本同年出版專著為博爾現身說法的《戴安娜探險》（*Diana Adventure*, Kuala Lumpur, Groningen, 1995）。博爾文采頗佳，此書詳細交代了沉船

經過及個人在馬來西亞艱辛的尋寶歷程，他們不止要尋找資金及設置器材裝備，還要應付一大堆發現沉船後的官僚問題。但令人稱道的是他的毅力與研究細胞，走遍五湖四海，鍥而不捨翻遍有關資料，前面說到的觸石沉船經過，也是他獲取一份船長航海日記摘錄後，進一步發現萊爾船長一點也沒有犯錯，他是忠實追隨不準確的航海指南，讓船在航線撞上環型暗礁岩石沉沒。

▌三、

戴安娜沉船上的主要外貿瓷類是景德鎮的青花瓷及琺瑯彩瓷，因為銷往印度孟德拉斯，風格上與傳統款式稍有不同，譬如稱為「星輝」（Starburst，其實應稱Aster「紫苑花」，一種植物學指屬為菊類花卉，動物學稱為星花濺射形狀）的青花瓷大盤。這些青花盤碗紋飾，應是

作者自藏的「星輝」（「紫苑花」）青花瓷大盤

作者自藏的壽字梵咒大盤

壽字梵咒大盤（底部）

民窯花卉設計演變或是西洋訂單（Chine de commande）樣本仿製，圖案特別，線條簡潔，剛勁有力，完全脫離一般東方花卉傳統圖繪。那是從寫意菊花或向日葵變調入西洋怪誕（grotesque）及象徵（symbolic）的誇張、誇飾手法，有如燦爛星輝或陽光閃耀，其強烈意象描繪從所未有，背景以蔓草漩渦卷襯托，人多以為是海螺或阿拉伯字母，均是揣測之詞。這些直徑長達26.4公分的星輝大盤和壽字梵咒大盤，胎質稍嫌沉厚，主因為乾隆後期景德鎮高嶺土嚴重缺乏，嘉慶時開始從星子縣開採高嶺土，由於星子高嶺土與浮梁高嶺土氧化鋁含量不同，工匠一時不能掌握星子高嶺土與瓷石的二元配方比例，經常出現黑點針眼及瓷盤塌底現象。為了解決這些問題，景德鎮工匠遂放大器物底徑，加厚下部胎體，因此大盤碟比乾隆時期的胎底和圈足都要厚重得多。

嘉慶青花外貿瓷走下坡，論者常諉於清代國勢衰弱，西方工業革命成功，英國本地轉印瓷（transfer wares）將紋飾版刻，轉印在胚胎上，成本減低，價格便宜，英國瓷廠出產的「楊柳青花」（willow pattern）轉印瓷，雅緻實用，大量直銷往歐美，景德鎮外貿瓷遂而需求減少，產

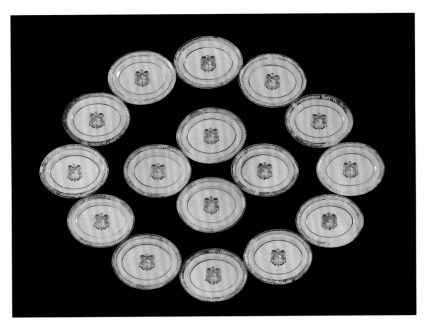

描金琺瑯族徽瓷全套餐具

作者自藏的純白燭台

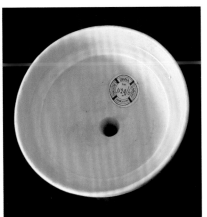

燭台底座

量萎縮，技術退化，品質遠不及前朝清三代。

其實並非如此，清三代瓷藝橫空出世，盡起明朝入清過渡期衰頹氣象。康熙青花、琺瑯彩，雍乾青花、粉彩均獨步一時，青花瓷更穩健成長，變化萬千，直落嘉慶。嘉慶道光年間官窯萎縮倒是事實，民窯也有優等、次等之分，但出口青花外貿瓷仍一枝獨秀，始終為外商所喜訂購。戴安娜沉船瓷器也是一個「時間密藏容器」，見證嘉慶時期青花

外貿瓷特色，尤其目的地是印度，更增南亞風情，部分全套餐具包括孟德加斯英國東印度公司總裁特製招待貴賓的描金琺瑯族徽瓷（armorial service），純白燭台就非常簡便歐化，不似中國燭台。

此外在徽章瓷（Fitzhugh）及山水瓷中有兩款完全是西方器皿訂製，第一類是所謂「溫盤」（chafing dish，拍賣目錄用此詞語），即是在食桌上保持菜肴溫度特製的兩層瓷皿，上層是盛放菜肴的盤碟，下層是存放沸水的瓷盤，利用沸水保持上面菜肴的熱度，這是中國瓷器從來沒有的。本來溫盤從羅馬時代到歐美16、17世紀經歷很多變化，在一個熱鍋下面加火保溫，端放在餐桌，等如中國人的火鍋，所以至今此詞語仍被中譯為「火鍋」。但到了後來已逐漸改為瓷造溫盤，並分兩層旁加提手，不用生火。後來麥森（Meissen）的洋蔥系列（Onion pattern）溫盤亦有大批製造，下層水盤改用鐵製，增加傳熱，也可在底下加火燃燒。

另一款透孔網狀青花瓷籃或瓷碟（reticulated basket, plate, strainer）也是中國沒有的，如此矜貴通花瓷籃當然不是用來洗滌蔬菜，把它放置

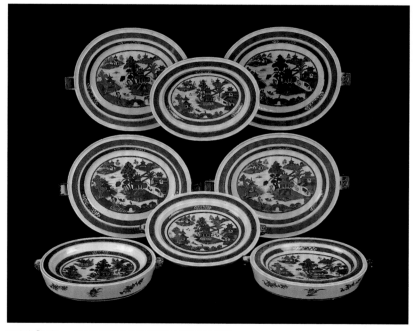

西式的「溫盤」，藉由下層盛裝的沸水保持上方菜肴的溫度

左、右圖 戴安娜青花瓷以新穎的筆法描繪山水

戴安娜瓷器上的山水擁有棱角分明的筆觸

在餐桌上或盛物，應該是盛載應時水果如葡萄、桃、杏等，以便客人取用，平常擺設也可安放花卉點綴。後來麥森的玫瑰系列、紅龍系列、洋蔥系列很多大餐碟都用這種網狀通花設計，以示高貴。

乾隆年間「南京船貨」的青花山水盤碗「隔水兩岸、亭台樓閣」就是清代外貿瓷的山水典範，戴安娜青花瓷山水描繪卻另出新意，表現大相逕庭，那是另一種新穎筆法。如果把南京船貨的山水紋飾拿來與戴安娜船貨的山水設計比較，便發覺前者線條輕盈簡潔，一水之隔，人境疏

落，空間廣闊，雖是民窯野筆，卻也孤寂清遠，有似倪瓚筆觸。戴安娜山水描繪剛好相反，筆觸稜角分明，厚健濃郁，亭台樓閣，上有飛燕，樹木蒼鬱，楊柳疏碧，過橋學究，一衣帶水，遠近人家，那是紅塵世間，成為英國「楊柳青花」轉印瓷或荷蘭代爾夫（Delft）青花的基本山

左、右圖 繪有樹木、楊柳的山水瓷器

採用浙料的嘉慶青花釉，呈色大多紫藍濃艷。　　　　　　青花釉碗

青花釉碗　　　　　　　　　　　　　　　　　　青花釉碗（底部）

水紋飾。嘉慶青花釉採用本地浙料，呈色大多紫藍濃艷，略有暈散，因此外貿瓷釉色與清三代大不相同。

也就是兩種青花不同風格的呈現，近代史西方商人就把山水青花外貿瓷分成兩類叫法，一種叫「南京」（Nanking）款式，另一種叫「廣州」（Canton）款式，常令人丈二金剛摸不著頭腦。問題在於為何要用這兩個都市，稱呼兩種不同風格的青花外貿瓷？有謂南京款式由景德鎮燒製後送往南京再分別出口，廣州款式就自廣東省加工燒製出口。另有謂兩種款式均由不同器邊（borders）紋飾決定，越描越黑，其實山水紋飾及釉料在外貿瓷器的演變，產生出兩種不同的描繪風貌，自不用多生枝節，分門別類。這種對外貿瓷用詞不當（misnomer）的現象，應是開始自18世紀美國訂購自中國草蓆（straw mats）或窗簾簾布（window blinds）的稱呼，廣東南方織造一律稱「廣州」，江南一帶織造通稱「南京」，絲綢亦用這兩種稱呼來界定兩個不同生產地域。

戴安娜沉瓷選項及訂購紋飾花款，可能比東印度公司一般訂單商品

印花疊燒小碗

印花疊燒小碗（底部）

更為靈活優良，也讓人聯想到港腳船及私人貿易商的介入。戴安娜號隸屬印度英商柏瑪公司港腳船，它為東印度公司載貨貿易，但也替貨船人員如船長、押運長、隨船商人、印度水手、廚師、雜務人員等人攜帶私貨。我們甚至可以假設戴安娜一部分貨品在孟德拉斯卸貨，另一部分繼續駁送航往巴達維亞或英國。

祈福偶

娃娃偶一對

男娃造型的水注瓷器

　　私貨中尚有一項不大為人重視的東方陶偶，包括神祇偶、用具偶、玩具偶和祈福偶。戴安娜沉船撈獲的全是東方式陶偶，證實貨船在孟德拉斯卸貨時一定也把陶偶卸下，再分銷向其他東南亞國家，因為這些陶偶買主多是東南亞華人。就以祈福偶而言，最顯著的就是娃娃偶，頭梳雙髻，面如滿月，大部分赤裸，上身只縛一塊藍釉肚兜，雙足蹲坐，露出小生殖器。這是華人求子圖騰，不孝有三，無後為大，把瓷偶藏在床褥或燒香膜拜，便會求子得子，求女得女。同樣除了童男娃娃，還有女娃，半蹲而坐，應該是另一模子做出。南京貨運及金甌沉船也撈起許多娃娃偶，雖然重男輕女，多是男娃，足見這是有恆銷往東南亞華人社會的貨品，但戴安娜船貨撈起的童偶脫胎、脫色極多，難睹全貌。倒是男娃另有特別設計，用作水注或硯滴（water-dropper），那是在小生殖器開一個較大小孔，水就從這兒流出，那麼祈福偶搖身一變成為用具偶或玩具偶了。

　　玩具偶多屬裝飾擺設偶，鸚鵡彩偶和公、母雞成雙成對，一雌一雄，是流行於東南亞地區的擺設偶，屬於繁殖神話，許多沉船外貿瓷皆有撈獲。此外，華人相信風水祈福，成雙瑞獅（foo dogs）彩偶也常在陶偶群中。

鸚鵡與公、母雞彩偶

第7章

平順船貨・漳州陶瓷
（Binh Thuan Shipwreck）

▊ 一、

　　平順省（Binh Thuan）位在越南中南沿海地區，以農漁業為主，漁民用拖網（trawl nets）直落海底深處拖曳捕魚，漁網經常刮掛到海底礁石或雜物，而不得不割斷或拋棄。2001年有拖網船位於距平順海岸40海哩外拖網被纏，漁民潛水解開拖網，發現一般中國沉船，沉於39公尺（117英尺）海底。

　　他們更大的興趣不是沉船，而是船內成千上萬的外貿瓷器，雖然明知私撈犯法，但只要撿拾數件拿回西貢或曼谷，賣給古董商，便可得獲厚利，貪念之下便大肆擄奪。紙包不住火，消息很快傳揚出去，引起越南海務局注意，逮捕了漁民，起出一千多件賊贓外貿瓷，隨即通知文化部找到官方的「越南打撈公司」（VISAL, Vietnam Salvage Corporation）封鎖海域，進行潛水勘察錄影，界定沉船位置，並且撈起十多件樣本，確定這是一般從福建開往東南亞的貨船，艙底分成二十五個隔壁艙（bulkheads），主要貨物為漳州瓷器及大量的帶柄生鐵鍋（cast iron wok，即鑄鐵鑊）。生鐵含碳量分數超過百分之二，又稱豬鐵（pig iron），雖稍嫌沉重，但耐熱力強，製成圓鑊用來炒菜，色味皆全，多為華人廚師及家庭主婦所喜。

　　稱為豬鐵與豬無關亦有關，詞彙據説來源有二，第二種説法較可靠。第一種解

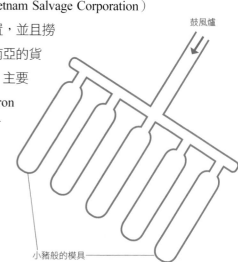

鼓風爐

小豬般的模具

溶解鐵料的模具——帶柄生鐵鍋（豬鐵）的示意圖

釋為外商入華，看到生鐵鑄鑊，問為何物？答曰鑄鐵，外商華語不佳，把鑄聽作豬，遂稱豬鐵（pig iron）。第二種說法與熔鐵模具有關，早期熔解鐵料的模具（mold），像一隻母豬給許多小豬同時哺乳的身體。熔化的鐵汁，由看似母豬體型模具的鼓風爐（blast furnace）奶頭分別流入各小豬一樣的小模具內，冷凝後成為鐵餅（iron ingots），所以生鐵又稱豬鐵。

　　漳州瓷加上生鐵鑊，強烈佐證出平順沉船載貨及航線均指向東南亞國家如馬來半島、暹邏（泰國）或緬甸，而不是外銷往歐洲。漳州瓷的用途，實用多於正式社交餐宴或室內裝飾擺設，所以應是一艘提供給海外華人瓷具及其他器具的外貿貨船。「越南打撈公司」追循上次1991年打撈頭頓船貨（Vung Tau Cargo）的經驗，找來澳大利亞籍潛水員邁克‧弗萊克（Michael Flecker）負責打撈及考古挖掘，十年後的弗萊克已在澳洲一間大學唸了一個海洋學博士，並在新加坡開設一間「海洋探測公司」（Maritime Explorations），聞訊前往平順參加探勘，觀看錄影及打撈起的瓷器樣本，確定沉瓷考古及商業價值。但是願與人違，原本立竿見影馬上就可進行作業，那時已是2001年8月，但領導負責單位一直未能確定，醞釀整整一年，要到2002年9月才塵埃落定，趁著兩個貿易風季的中間時期，風平浪靜、氣候溫和的10月進行打撈，二十個專業潛水員，加上豐富打撈經驗的弗萊克，很快便在年底完成打撈工作。但在過去一年的耽擱，消息已廣傳出去，漁民、走私販子私下前往偷撈掠奪，在這段期間的外貿瓷流失，不可勝數。但在收藏界而言，漳州瓷胎厚釉

左圖　澳洲籍潛水員邁克‧弗萊克打撈及考古挖掘的照片
中圖　沉在海底的瓷器與碎片
右圖　2004年3月佳士得在澳洲墨爾本拍賣的圖錄（以上三圖來源：佳士得拍賣目錄P67、P16）

作者自藏的清代漳州窯大盤

砂足器細部圖

漳州青花大盤

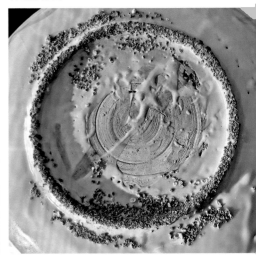

器底與墊餅間有一層砂粒，防止底與餅沾黏

粗，畫工拙劣。並非民窯瓷器收藏首選，在古董買賣市場的衝擊不算太大。

　　從2002年年底完成撈獲，整個2003年便把平順船貨代表性的漳州瓷分配給平順及越南其他地區博物館存展。2004年3月1、2日由佳士得在澳洲墨爾本分成六百多件瓷器及雜物拍賣，總額所得為200萬美元，也算不錯，筆者曾在《遠洋外貿瓷》一書內第十二章指出：

進入20世紀，沉船海撈出土亦極多漳州瓷，2001年越南平順（Binh Thuan）外海發現一艘明代沉船，政府從中撈獲三萬四千多件沉睡了四百多年的中國外貿瓷，半數拿來拍賣，第一批六百多件在澳洲墨爾砵由佳士得拍出，包括漳州出產的青花盤、碗、杯子等，海洋考古學家邁克・弗萊克（Michael Flecker）研究指出，這艘被越南撈獲的明代沉船，於1608（明朝萬曆年間）滿載中國瓷器絲綢，準備前往馬來西亞柔佛（現稱新山）與當地荷蘭東印度公司進行交易，不幸在越南南部平順海域觸礁沉沒。這次平順海撈拍賣，其實也是漳州外貿瓷的風光展覽。

　　以普通一艘外貿沉船撈獲的總數來說，除了毀損以外，起碼也在萬件以上，而上面拍賣區區六百多件總數，還是從佳士得拍賣目錄計算得來，為何數目如此細小？為何替拍賣目錄書寫導言的弗萊克從未提及，真相自在不言中。

▌二、

　　漳州瓷興起於明代而盛行於清初，彩瓷釉有紅、綠二色及五彩，雖是普通民窯，但已成為外貿瓷主要瓷器項目，除了大量傾銷適合平民大眾使用外，還牽涉到萬曆年間中、日、韓瓷器的互動。韓國瓷藝比日本先進，9世紀後期朝鮮統一新羅從中國引進製瓷技術後，12世紀青瓷發展鼎盛，創造出獨具特色的高麗青瓷（其實仿自中國越窯），甚至自稱堪可媲美宋代汝窯及稍後的龍泉窯，可見當年朝鮮瓷匠的工藝技術及自信。日本幕府時期豐臣秀吉（1537-1598）鴻圖大志入侵朝鮮，明朝派軍支援，從1592（萬曆20年）到1598年在朝鮮半島，六年間打了兩次仗，在兩場戰事中，日人擄走近五百名朝鮮瓷匠回東瀛，這些工匠將製瓷技術帶往日本，並發現高嶺土，高溫燒製出日本瓷，造就日本有田及伊萬里彩窯的崇高地位。有田縣的酒井田柿右衛門又吸收中國琺瑯彩技術，博採眾長，自成一家，標誌著日本瓷器成熟階段，稱為柿右衛門燒。而中國由晚明入清，戰亂頻傳，李自成造反，吳三桂起事，滿清入關，經歷了四十多年戰亂，陶瓷生產幾乎停頓。忙於戰亂的官府更無暇

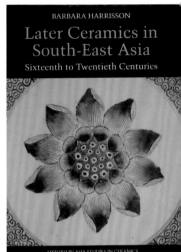

左圖　今荷蘭北部呂伐登市的公主國家陶瓷博物館入口一景
中圖　《漳州》一書書影
右圖　《晚期東南亞陶瓷──16到20世紀》書影

顧及海禁，出口瓷器時禁時弛（即Roxanna Brown所謂的Ming Ban, Ming Gap），人民生活不穩定，許多漳州和景德鎮瓷工轉往日本謀生，帶去克拉克紋飾、青花、五彩、紅綠彩技術，燒出伊萬里、柿右衛門高檔瓷，艷麗精美，加上描金，更增華貴，成為明、清海禁期間，荷蘭商船前往長崎一帶搶購以補貨品不足的現象。

　　至於清代漳州窯，大盤，罐多為炻器（stoneware），沉重粗糙，不算高檔。青花瓷器實用性多過藝術性，有所謂砂足器，底部沿胎部分不太光滑，甚至看到細小泥砂粒黏附其上，那是在器底與墊餅間撒一層砂粒，燒成後底與餅不會連黏在一起，成為漳州青花大盤一種特徵，雖然在外貿瓷類中評價不高，卻在婆羅洲民俗考古研究異軍突起，成為西方學者研究對象，也是一種異數。這和前面所說到明末景德鎮燒瓷環境頹敗，日本伊萬里、柿右衛門茁起有關，荷蘭得熱蘭遮（台南）後，建立前往日本貿易的中途據點，轉而從日本訂購伊萬里，柿右衛門等高級彩瓷。但產量總是有限，遂在泉、漳兩州大量補充中級廉價外貿瓷。漳州瓷乘勢而起，風雲際會，產地不限漳州，而包括廣東各地如廣州、惠州、潮州汕頭（Swatow），福建南部各縣市如泉州、漳州、德化等

地，統稱漳州窯。平順沉船運載的貨物，正是考古學最完整的漳州窯證物。後來漳州窯器的考古發掘收藏，大多出自印尼、馬來半島及婆羅洲一帶，借重西方學者的著述，及荷蘭人當年在印尼殖民地爪哇一帶搜集收藏。最顯著的例子就是現今荷蘭北部呂伐登（Leuuwarden）市的公主國家陶瓷博物館（Princessehof National Museum of Ceramics，亦稱公主堂）漳州瓷收藏，裡面大部分漳州瓷器本是荷蘭礦物家韋碧克（Reinier Dirk Verbeek, 1841-1926）在1868年印尼各地探勘時的發掘（陪葬品或收購），回荷蘭後，認識公主國家陶瓷博物館（當時是私家博物館）創辦人之一的渥德瑪（Nanne Ottema, 1874-1955），渥德瑪極力鼓勵韋碧克把收藏存放在公主國家陶瓷博物館，一直到韋碧克去世後三年，他的繼承人正式把收藏捐贈給呂伐登市政局，加上渥德瑪自己的收藏，成為公立後的公主國家陶瓷博物館漳州瓷主力特藏。博物館特藏主任芭芭拉·哈里遜（Barbara Harrisson, 1922-2015）把館藏兩百五十隻漳州瓷盤罐分門別類出版《漳州》（Swatow, 1979）一書，可惜早期印刷黑白圖片太多，彩圖亦不及今天印製的圖片，但已是難得可貴。

此書除導言外，全書分六章處理，以黑白及少量彩圖作為主要述，分別為（1）單色盤罐，（2）彩繪盤罐，（3）青花盤罐，（4）釉上、下彩盤罐，（5）釉上彩盤罐，（6）東南亞漳州瓷，在此章中，

沉船漳州瓷

沉船漳州瓷（底部）

沉船漳州五彩瓷三件

沉船漳州五彩瓷三件（底部）

哈里遜強烈主張一部分東
南亞漳州瓷燒自越南而非
來自福建，17世紀越南鄭阮
紛爭，南北分裂，但1640至
1645年間在商業貿易與荷蘭
交往密切，紀錄有載1669、
1670、1672 東京灣（越南）
曾把「粗糙瓷器」（coarse
porcelain）輸往印尼，但不知
是否就是指漳州窯。

沉船漳州五彩瓷

　　哈里遜原是二次世界
大戰生長在波蘭的德裔，後
來遷返柏林，戰後在婆羅洲認識英國人類考古學家湯姆‧哈里遜（Tom
Harrisson），仰慕他的博學，改嫁給他，志同道合一起在婆羅洲做人類
考古學工作，甚至發現西元4萬年前的人類頭顱骨。他們在東南亞的考
古發掘裡，也曾發現漳州窯，現在一些學者把漳州窯在東南亞早期的發
見研究歸諸於湯姆身上是錯誤的，無疑湯姆‧哈里遜把婆羅洲華人家藏
的漳州窯放在人類學研究，但真正從考古及藝術史的角度來看漳州窯，
卻是芭芭拉在康乃爾大學唸完藝術史碩士後的研究成績，在她《晚期東
南亞陶瓷──16到20世紀》（*Later Ceramics in South East Asia-Sixteenth to
Twentieth Centuries*, 1995）一書內，非常寬厚在書目確認了湯姆‧哈里遜
五篇漳州窯魚形壺、鴨形壺及東南亞外貿瓷的人類考古論文的貢獻，算
是早期開路先鋒。但在她自己的專著裡，第一章就把漳州窯研究帶往東
南亞的社會生活功能，指出這些社群飲食多用碗碟，而非講究的西方餐
飲器。便宜耐用的轉印漳州瓷剛好適合需求，充斥東南亞市場。荷蘭當
年強大的海上貿易及印尼、台灣的殖民地，成全了解今天就荷蘭有最完
整的「次等」漳州瓷收藏。哈里遜在這章內把漳州瓷分為五類，（1）
保守（conservative）青花族系，（2）本土粗糙（persistent）青花族系，
（3）巧藝變化（versatile）青花族系，（4）彩繪漳州窯，主要是四色，
即紅、綠、綠松石綠、黑，（5）化妝釉（slip）加工彩繪。

上面這些分類法頗為牽強，但第一類中卻指出小型福建窯廠，不像景德鎮大型窯廠集體創作，有人倒模，有人燒胎，描繪也分門別類（即是雷德侯Lotharvon Ledderose的模式系統module system），有人專繪花鳥奇石，有人獨描山水河舟。小型漳州瓷廠多是自始至終一人製作，描繪風格倒反不統一，因為描一器不見得能描兩器全部一樣，總有落差。第二類的本土族系青花倒反而不是一人獨繪，先是一人繪作外緣簡單紋飾布局，如克拉克的開光（panels），再把中間圈起，留給第二人描繪花卉或其他，或有代表性的鳳鳥竹石亦在其中，惟繪工粗劣。第三類由技藝高超工匠繪製，多克拉克款式，屬上等瓷器。第五類所謂化妝釉，即是在單色或多色彩繪瓷碟，加一層透明或半透明化妝釉，增加其色彩及亮度。

三、

　　平順船貨在澳洲拍賣六百多件的漳州窯仍以青花瓷為主，在數千

作者自藏的青花盤，這類青花大盤多以單、雙鳳鳥主題的克拉克大盤為主

獅子滾繡球青花大碗　　　　　　　　　　　　　　獅子滾繡球青花大碗（底部）

件撈獲瓷器篩選中，去蕪存菁，決定用青花釉下彩為主打，在兩天七百多組（lots）拍賣中，以單、雙鳳鳥主題的克拉克大盤最多，首日開鑼從第一到第十組全部為鳳鳥大盤，跟著鳳盤尚在其他組中重複出現。青花滿釉不留白，盤中青花雙圈有鳳鳥，或單或雙，棲立奇石，梧桐花卉遮天，怪石嶙峋，真的是明代前所未有的抽象藝術。雙圈內鳳鳥主題又可分岐入其他另類主題，或飛鳥餵食，或荷花池塘雙鴨嬉戲，或林木野鹿臥憩，筆法粗劣，似鹿似豚。克拉克開光分別描繪竹葉垂蔭，花卉盆栽。

　　沉船漳州瓷尚有獅子滾繡球青花大碗，主題統一，獅子神態各碗描繪各異。獅子滾球，原是中國傳統吉祥圖案，兩隻瑞獅互相推咬一個繡球。獅子為古代吉祥喜慶之物，相傳獅為百獸王，佛教經典除獅子吼外，又是文殊菩薩座騎，更具神聖象徵。船貨除獅碗外，又有青花花卉飯碗，花卉紋飾全在碗外一圈，構圖簡單，足見主要為供應東南亞華人湯、飯碗之用。

　　有小量單釉色小罐（jarlet），亦即哈里遜描述盛水或酒的小陶罐，盛行於南洋各地。各式調味小瓷碟內，分別寫有福或壽大字。

第8章
會安沉船・越南青花
（Hoi An Wreck）

會安（Hoi An）是一個越南海港城市，位在廣南省秋盆江口，16世紀為國際貿易興盛的港埠，華人、日本人、荷蘭人及印度人等都在此進行貿易，榮景直到19世紀秋盆江逐漸淤塞，港口貿易功能被峴港（Da Nang）取代才逐漸沒落。1862年法國奪取交趾支那（南圻，Cochinchine）的保護時期（protectorate），峴港成為總督直轄地，後來法屬印度支那（北圻，Indochine）殖民地政府成立，公使駐地便設在「中圻」的會安，城內歷史文物豐富，又稱會安古鎮。

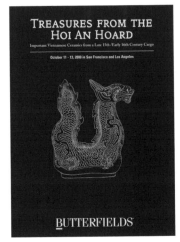

2000年伯得富出版的《會安艙寶》拍賣目錄一書書影

「會安艙寶」（Treasures from the Hoi An Hoard，根據2000年伯得富Butterfields拍賣目錄命名）是1997至1999年在會安外海打撈的一艘運載越南瓷器的泰國柚木帆船，年代在15世紀末到16世紀初（1490至1510左右），通稱「會安沉船」（Hoi An wreck），該船艙存有約二十五萬件越南外銷的大小青花瓷器，其中十五萬件完整，十萬件殘缺，提供極為難得的越南青花瓷完整研究資料，以此龐大外銷數量，可見當日越南陶瓷產業之活躍及運銷亞洲各地廣受歡迎的程度。

會安沉船約於1993至1994年為越南拖網漁船所發現，其情況與上一章「平順船貨」相似，當初拖網無意在海底拖刮搜尋海產，鈎起一些瓷器，所得越多，貪念越濃，等到表層沉瓷搜括罄盡，便在拖網上加掛裝有滾輪的鐵耙搜刮，拖行刮挖更深，翻騰之下，固可挖掘更多，但擊破損毀更多沉瓷，可謂殺雞取卵，遺害無窮。不久遠近西貢、新加坡、

沉瓷碗

沉瓷碗（內部）

沉瓷碗（側面）

東京、香港、甚至倫敦等古董市場無人不知南中國海又有沉船寶藏浮
現，但大都三緘其口，亦不知在那裡，直至兩個日本商人在峴港機場被
捕，搜出行李內的沉船私貨，引起越南官方注意，找出占婆島（Cù Lao
Chàm或稱Cham Island）附近的沉船海域，惟該處水深達200餘英尺，已
超出一般高氧空氣潛水（air diving）負荷。

　　當地政府事不宜遲，追隨平順船貨模式，找來官方「越南打撈公
司」（VISAL, Vietnam Salvage Corporation），馬來西亞海洋機械工程
Saga Horizon公司負責船隻器材，英國牛津大學聖彼得學院海洋考古研究
單位（MARE）提供深海潛水的技術協助及考古發掘，再加上越南國立
歷史博物館，河內考古學院（Institute of Archaeology）及七所全國博物
館，疊床架屋，浩浩蕩蕩於1997年前往第一次調查，據牛津海洋考古單
位主管邦文遜（Menson Bound）的報導，這次調查僅屬皮毛，不算什麼
成果，只知沉瓷數量龐大，極具考古價值。翌年1998第二次調查亦告失
敗，碰上颱風季，連180尺的駁拖船（barge）亦差點被打翻沉沒。

　　1999年大張旗鼓，一共運作三艘駁船配合小艇把打撈上來的沉瓷來
往運送回峴港清洗、紀錄、存倉，加上打撈採用的高科技潛水器材及解
壓裝備，一切進行順利，據邦文遜估計，出土文物應達三十萬件。沉瓷

在船艙置放以大瓷碟放最底，上放飯碗，作環型包裝，並非全部直排，彼此空間則存放大、小瓶罐盒子，另外比較珍貴易碎的器皿如軍持、執壺、玉壺春則放在最頂。

有關沉船結構及沉瓷研究，從前在英國維多利亞‧阿伯特博物館工作已有二十二年，後轉入美國大都會美術博物館亞洲藝術部門的蓋約翰（John S.Guy，以下簡稱蓋氏）的報導最為專業。蓋氏的考古重點一直從南亞印度文物研究追蹤入東南亞陶瓷，甚至很早便和大英博物館的康蕊君（Regina Kraul）看出越、泰兩國在中國明朝鎖國禁運時（Ming ban）所負起的陶瓷供應，建立起一種另具風格的獨立瓷類（genre），當時亞洲青花瓷亦只有越南、日本、韓國能燒出，青瓷則以泰國、韓國稱勝。早年英國的嘉納爵士（Sir Harry Garner）在其著作《東方青花瓷》（Oriental Blue & White, 美國紐約新版，1964）便指出越南與福建泉漳等地可與景德鎮並列為青花生產中心，在該書第九章「民窯青花」（Provincial Chinese Blue and White），他特別提到三件越南青花器，第一件就是下面提到的「大和八年」青花天球瓶，早在上世紀的60年代，嘉納

《東方青花瓷》書影

《東南亞陶瓷》一書書影

還不敢確定為越南燒造，僅用了一個模稜兩可的英文字circumstantial來形容，即是「在某種情況下認為」之意，當時越北一帶尚未發現有青花窯址。

當年蓋氏在澳洲的越泰陶瓷研究《9世紀到16世紀東南亞的東方外貿瓷》（Oriental Trade Ceramics in South-East Asia Ninth to Sixteenth Centuries,Oxford UP,1986,1990），及與斯蒂文森合編的《越南瓷器：個別傳統》（Vietnamese Ceramics：a Separate Tradition, ed. Guy, John & Stevenson, John.Chicago, 1997）更是旗幟鮮明標榜越窯為一獨立支派。但是真正在泰越兩國於上世紀70年代做實地考察研究還得數上的泰越瓷

器專家洛珊娜·布朗（Roxanna Brown 1946-2008, 生平可參閱拙著《瓷心一片》附錄〈一個美國陶瓷學者Roxanna Brown哀婉曲折的故事〉（藝術家出版社，2010），她的第一部專著《東南亞陶瓷》（The Ceramics of Southeast Asia, Oxford UP, 1977, 1988）也是在新加坡大學跟英國學者韋勒斯（William Willetts）做的碩士論文，把越、緬、泰三國陶瓷作一系統研究。

其實要把越南陶瓷特別強調為另一獨立傳統，無甚意義。一個傳統的成長不是一脈單傳的優生學，而是經歷不同外來因素不斷的接觸、衝擊、接受、滲雜與揉合，而成雜揉（hybrid）的整體。越南北部在秦、漢早已屬百越之地，南部為占婆之地。西元前111年南越國被漢朝滅亡後，被置於中國皇朝統治之下達數世紀之久，中國文化大量輸入，在所難免，理屬當然。西元679年唐代設「安南都護府」於現在河內地界，10世紀始正式建國，經歷多個朝代，有分有合，到了15世紀又被明朝直接統治二十多年，直到1428年「後黎朝」出現，國民的民族主義成熟，稱「大越國」，但文化藝術傳承一直沒有脫離華夏文化，「儒字」或「漢字」（Chu Nho or Chu Han）通常用來書寫漢語傳入越南語的漢字詞，其他固有詞則由「喃字」（Chu Nom）來書寫。直到越南成為法國殖民地才由漢字或喃字轉入拉丁拼音，中華文化影響稍為輕減。

但在陶瓷工藝製作，一直沒有脫離景德鎮的傳統製造或影響範疇。倒是這種「雜揉」性質，開啟了台北故宮南院「收藏亞洲」的契機，把故宮的總體收藏分列為北院的華夏收藏與南院的亞洲收藏，後者鼓吹亞洲文化與藝術文物交流「互動」（interaction），在一項〈探索亞洲──故宮南院首部曲〉特展裡，強調「以故宮舊藏為主體，匯集近年故宮所新增文物，選擇幾項主題來說明亞洲文明相互交流影響的現象。期望觀眾於展覽中能體會華夏文物的形成與傳播中，與亞洲網絡的關係：並從新的角度觀看故宮院藏品中蘊含的多元文化風貌與精神。」（蔡玫芬〈與故宮一起探索亞洲〉，《故宮文物》月刊，301期，4月，2008，頁16）。其中一項主題就是「流動的美學──亞洲青花瓷」。蔡玫芬研究員提到15世紀越南青花的大量燒製，正是填補中國明朝施禁海貿產生的缺口，「在南海領域裡，許多沉船發現有越南青花，而整艘裝載以越南青花為主數萬件瓷器

的船隻（如Hoi An Hoard）亦多有發現，足見當時產地大量供應市場的
狀況。」（蔡玫芬〈與故宮一起探索亞洲〉，《故宮文物》月刊，301期，4月，2008，頁
23）會安沉瓷大量供應當年短缺瓷器的東南亞國家是毫無疑問的，但中
國一直是製造商及大出口國，說到文明交流與相互影響，青花方面卻是
一面倒的受景德鎮影響，大過越南朱豆窯影響中國。

　　根據蓋氏對會安沉船分析報告，首先肯定這艘柚木船材料及
結構並非中國船，而是一艘15世紀行走於越南及泰國阿瑜陀耶王國
（Ayutthaya，暹羅，後為緬甸占領）的泰國商船，船上水手的用器都是
泰瓷，另有一些石灰儲瓶供嚼食檳榔用，這些都是東南亞國家如泰國、
印尼，包括北印度蒙兀兒人民的嗜好習慣。據學者指出，「各地區製作
檳榔的方式略有差異，但一般而言，荖葉、檳榔子和石灰糊是最主要的
三種成分……檳榔果實因富含高分子的單寧酸，口感苦澀，咬食後呈紅
色的就是分解後的單寧。」（吳偉蘋，〈乾隆皇帝的
伊斯蘭檳榔盒──異文化的想像與認識〉，《故宮文物》月
刊，301期，4月，2008，頁72–73）。蓋氏提到的石灰糊
儲瓶，正是用作這用途。

　　另外船艙上層船員活動地擺放有三十個泰
國大陶甕（後來亦出現在拍賣目錄），以及一
些小瓶盒，全都是泰國燒製，足見這是一艘泰
國商船。至於為何沉沒？沒有火燒痕跡，留下
的戒指錢幣也沒有被劫掠，觀諸其沉船海域，
最大可能還是該船自越南會安回航東南亞時被

船艙上層擺放的泰國大陶甕

颱風吹毀，因是外國商船，水深沒法打撈，只好放棄。

　　船上載運的青花瓷器是15世紀越南瓷器史的一時之選，越南青花
外貿瓷在15至16世紀崛起的原因是華人匠師優秀，大部分為移居越南北
部，經驗豐富的中國瓷匠，配合當地瓷業，帶動青花瓷造型及紋飾的
進步，發展成量產窯線。但因缺瓷石，無法燒製出景德鎮青花的「二
元配方」，只能倚靠紅河北部區域優質陶土，泥胎渾厚不亮白，燒出
胚胎難有玻璃光澤，需要化妝土。釉料方面，有從中東進口的回回青
（Mohammedan blue），亦有來自雲南的珠明料。回回青釉色淺藍明

亮，雲南玉溪窯一帶青料質素不純、色較灰
暗。

土耳其伊斯坦堡托卡普皇宮典
藏的「大和八年」銘款青花牡
丹纏枝唐草天球瓶。

　　採用雲南暗灰黑藍的青花鈷釉料，釉色
異於景德鎮青花瓷的光彩亮麗，但如用中東
回回青，亦有「溫婉內斂」的柔性精品，最
為人稱道的就是現藏於土耳其伊斯坦堡托卡
普皇宮（Topkapi Palace）的「大和八年」銘
款青花牡丹纏枝唐草天球瓶，瓶腹一圈寫有
「大和八年匠人裴氏南策州戲筆」，這圈原
文最早是上世紀60年代嘉納爵士抄譯下來，
後來學者均依托卡普皇宮提供的天球瓶圖片正面，顯示「大和八年」四
字命名。布朗在其碩士論文專書亦有列出原文「大和八年南策州匠人裴
氏戲筆」，但把「匠人」與「南策州」次序顛倒了，據説漢字是找當時
倫敦大學亞非學院任教的漢學家劉殿爵（D.C.Lau）替她從托卡普皇宮
提供的圖片寫譯，可能轉折間顛倒了。布朗更從越華字典中的「氏」字
大膽假設裴氏可能為一女性匠人，甚是有趣。

　　大和為太和另字，亦即黎朝太和八年（1450），南策州屬越南海陽
省轄縣，海陽省在越南北方紅河三角洲的河內與海防之間，是15世紀帶
動附近鄉鎮如朱豆窯等產瓷窯址，朱豆鎮更有「越南景德鎮」的美譽。
裴姓瓷匠定是南策青花高手，國畫根基好，仿繪中國青花纏枝牡丹紋
飾，維妙維肖，鑑賞其分別僅能自釉色辨識。

　　因為中國明朝海禁政策時禁時弛，所謂「禁」（Ming ban）「弛」
（Ming gap），時弛的「gap」，實是「缺口」之意，即是指禁時瓷器供
應隨即產生極不穩定的真空狀態，儘管弛時有缺口流出，但大量補給還
是靠越南青花與泰國青瓷等地供應趁機而起，成為東南亞國家的採購對
象。

　　越南黎朝1450年左右燒製的會安青花瓷暢銷東南亞國家，青花造型
紋飾除花卉山水大盤外，龍的圖騰明顯出現在青花盤罐。尤其龍形水注
瓷偶，別出構思。這些出土青花瓷偶除擺設玩偶外，往往顯示使用地的
人民信仰，包括繁殖崇拜、宗教神祇，長期陶冶在中國文化下的黎朝亦

繪有花卉造型紋飾的青花山水大盤　　　　　　　龍形水注瓷偶

不例外，尊儒禮佛，廟宇及神祇瓷偶亦反映有儒、釋、道三教合一的趨向。

　　明朝初年，安南經歷過11世紀的李朝、13世紀的陳朝都受明朝勢力影響。1407年中國消滅篡位陳朝的胡氏政權，併吞越南，越南遂反明衝突不斷，1418年黎利在藍山起義反明，1427年（明宣德二年）將明朝逐出越南建立黎朝，「後黎朝」於1428年恢復國號為大越，建都昇龍城（今日河內），特別注重龍圖騰的尊貴權力象徵。黎朝是越南封建時代儒學思想最發達的朝代，黎朝龍模仿中國明朝龍，例如官服或青花大盤紋飾。越南四靈獸的龍、鳳、麒麟、神龜，亦以龍居首，常在瓷器造型紋飾出現，其他還有飛馬、蟾蜍、瑞獅、牛、象、猴、飛鳥等怪獸，承受中國瓷器設計影響也在所難免。在評價會安沉瓷的龍紋青花大盤，蓋氏強調繪工不弱，龍身瘦削蟠曲，隱藏力道，直追明代蟠龍，但瓷身及釉料方面，都無法產生出景德鎮青花那種光亮玻璃透明度。

　　雖然不在會安沉瓷系列，台北故宮現藏一隻越南青花彩猴瓷偶，2007年南部分院準備主持越南青花瓷展覽，特別自泰國曼谷「麥克勞德收藏」（Robert Mcleod's Collection）添購九十一件越南青花瓷，彩猴亦在其中。故宮研究員施靜菲博士評價這批15世紀瓷器應都屬出水沉船瓷，包括一大部分會安沉瓷或其他沉船瓷，它們「可被視為越南青花瓷

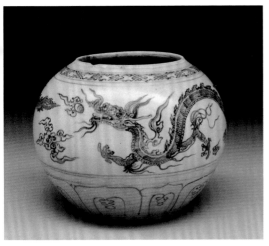

繪有黎朝龍的青花盤罐紋飾　　　　　　　　　　繪有黎朝龍的青花盤罐紋飾（局部）

最成熟期的作品……」（施靜菲，〈異軍突起的越南青花瓷〉，《故宮文物》月刊，308期，11月，2008，頁68）。

2009年故宮在嘉義市立博物館舉辦「芙蓉出水——越南青花瓷展」，猴偶亦在展品內，奉派策展的南院工作人員對牠有著很生動的描述：

本次展覽的明星展件〈青花加彩猴王〉據傳為越南會安附近廣義（Quang Ngai）沉船打撈之出水品……除了釉下施付青花顏料外，全身重點部位加有綠彩、紅彩、黃彩以及金彩，敷色鮮豔亮麗。此種猴形外觀相當罕見，採單膝跪地姿態，手持一瓶，雖然瓶口有缺，但可推測復原後為一玉壺春型。衣著上彩料多半脫落，但繪有錯落花葉，下身則施付黃彩，由華麗的衣著可知，此猴形象擬人化，且身分不凡。在鮮豔的官服下，其露出的手臂與鎖骨筋肉緊實，身材健美，從正面看來，頭的比例近乎三分之一大，雙耳掛有飾物。背面則表現毛髮茂密，身後佩有一劍……。

其圓睜杏眼與朝天鼻，咧嘴露出齜牙而笑，表情十分生動……此種體態較為豐腴且全身彩繪的猴王，據知全世界僅存四件，而院藏的這件作品是其中彩料保存最為完整且仔細的。（翁宇雯，〈芙蓉出水—簡介越南青花瓷特展〉，《故宮文物》月刊，320期，11月，2009，頁22）

此猴的藝術表現為異乎常態的「怪
誕」（grotesque）手法，但其特異處亦表現
在怪誕內蘊含的恭謹神態，一方面牠也許
是猴中之王，誇張狂妄，另一方面，牠也
是一個捧著上香瓷爐（不一定是玉壺春）
侍奉神祇的侍者，半膝而跪（genuflect）是
宗教尊敬的跪拜禮。朝天鼻，雙目圓睜朝
上而看，齜牙咧嘴而笑也是野性的馴服，
期待神祇接受善男信女香火奉獻。牠的身
分服裝越是高貴、鮮艷、亮麗，越能顯示
出神祇的崇高地位。此類捧爐侍者神偶亦

左圖 蘊含有恭謹神態的「怪誕」猴偶
右圖 鏤空執壺

見於會安沉船的文官捧爐，可供家庭或是廟宇上香用。

　　施靜菲把會安青花瓷分為大、中、小三系列，大型盤口徑在35至
45公分之間，中型瓷盤在22至25公分間，另包括有蓋罐、玉壺春、葫蘆
瓶、鏤空執壺，夾層蓋盒等。小件器有5公分上下的瓶、洗、盒、罐與
牛、象等動物象形水注。

　　會安沉船有大批鏤空執壺，鏤空亦稱鏤雕，一般官窯鏤雕分內外兩
層，即內外壺，趁外層胎土尚未全乾時開光雕出鏤空紋飾，上釉燒製，
其效果與內層配合，突顯出層次分明的主題立體感，如元代雙層結構的
鏤空白瓷高足杯，或清代乾隆年製外層鏤空、內層繪畫霽青描金游魚轉
心瓶。

　　一般民窯鏤空只一壺一層，在開光內薄刮出外層胎土，留出空間，
讓雕好塊狀圖案貼花補上，再加彩燒製。會安沉船的鏤空玉壺春及執壺
全是單壺鏤雕，紋飾以鸚鵡為主，別具異國風情。筆者因未從事陶藝燒
製，特別請教香港陶瓷專家姚開麒先生，他的答覆亦相似：「在需要雕
刻位置區塊在拉坯時預留較厚的坯體（如15公厘），待八成乾時用刻刀
挖出6至8公厘深的開光內刮出外層胎土，留出空間，讓雕好的塊狀圖
案貼花補上，再加彩釉燒製。」姚先生又說：「應如你所述預留較厚的
坯體再刮去開光部位再黏貼上鏤空的瓷土。景德鎮製瓷黏接傳統都使用
乾接法，即待泥坯九成乾燥後再黏接，故貼片在黏接前應已刻好鏤空圖

上圖　流雲金彩
獅戲菱邊大盤
左下二圖　作者
自藏的花卉蘭葉
中、小盤碟
右下圖　青花水
器

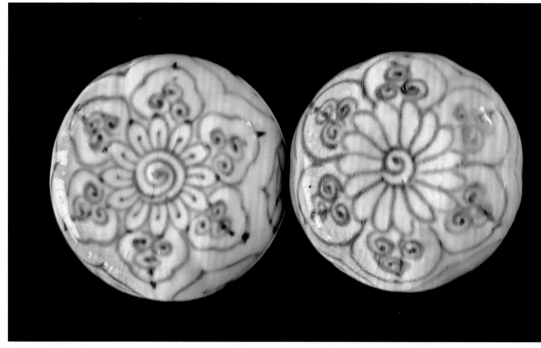

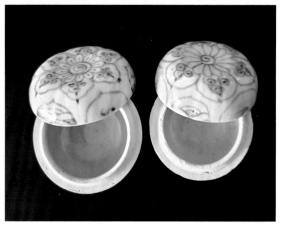

本頁圖　作者自藏的有蓋盒子

案，它們的黏結劑都會加點釉料，若乾燥後有細裂用泥漿分階段一層層
補上便可。」

　　酒器即如上述以執壺、玉壺春及葫蘆壺為主，玉壺春、葫蘆壺紋飾
構圖簡單，緊隨元明青花雲肩風格，極是難得。

　　「會安艙寶」的二十四萬四千件沉瓷，打撈後一半留屬越南政府
（分存各大博物館），另一半十多萬件於2000年10月11至13日，分三天

在舊金山／洛杉磯（同時聯播）拍賣，拍賣後尚有剩餘瓷器就在14日電子灣（Ebay）網路拍賣十週售罄為止。會安沉瓷品質參差不同，損壞優劣互見，小件瓷器則以三十、四十、五十甚至六十件一組拍出，很多收藏家遂而卻步。

出色的青花瓷器瑕不掩瑜，譬如前面提到的鏤空執壺或青花玉壺春，35公分的敞口或菱花口大盤紋飾獨特，釉色清亮，多為收藏家垂青。與台北故宮購置口徑高達45公分的〈青花獅戲大盤〉相比，會安沉船拍賣第九組亦有一隻流雲金彩獅戲菱邊35.5公分大盤，缺角瑕疵，釉上金彩多已脫落，以1萬5000至3萬美元起標，該獅造相線條奇特，充滿動感創意，全體雪白，遊戲於青花捲雲間，風格與景德鎮的瑞獅戲球迥異，可以作為越南青花瑞獅與景德鎮風格分野的代表作。

山水盤亦有以遠景描繪取勝，雖然取巧，以分組構圖，把景色分隔獨立，筆法清逸。頗具創意。其他中、小盤碟亦經常採用簡單筆法描繪花卉蘭葉，最大缺點就是胎質沉重，釉面泡水過久，褪色嚴重，常脫青花光澤，無復光鮮亮麗。

小件瓷器以水器、罐及有蓋盒子居多，綺麗奇巧，其中有大批放在鳥籠的鸚鵡餵食或飲水器最具特色。

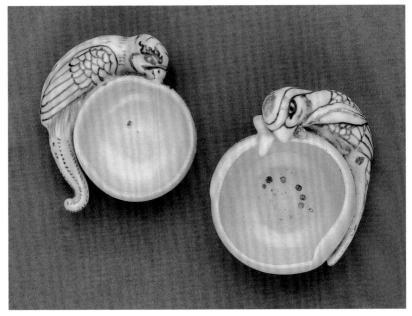

鸚鵡餵食器、飲水器

第9章
唐代沉船・長沙窯器
（Shipwrecked：Tang Treasures）

▍三角帆沉船

　　1998年印尼打撈人員在爪哇外海的勿里洞島（Belitung）海岸3公里外，水深僅17公尺的海底撈獲一艘滿載中土唐代陶瓷的阿拉伯古沉船。此船無以名之，因懷疑是觸撞黑色大礁石而沉沒，遂稱「黑石號」（Batu Hitam），又因在勿里洞島附近，亦稱「勿里洞沉船」。該三角帆船（dhow）為阿拉伯國家或印度製造的「綴縫板船」（sewn plank boat），用繩穿孔木板縫合，可以逆風行駛。古希臘荷馬史詩〈伊利亞德〉（Iliad）內已有提及，西元1世紀希臘文寫成的《印度洋航海指南》亦提到水手們從紅海前往東非海岸途中，看到來自波斯灣的「綴

三角帆船模型，這種船隻為「綴縫板船」，可逆風行駛，此為新加坡亞洲文明博物館之模型船，未置三角帆。（圖片來源：作者攝影提供）

船」。西元6世紀拜占廷歷史學家普羅科匹厄斯（Procopius）在其著作中明確指出印度洋上航行著一種「用繩子捆綁的阿拉伯帆船」，黑石號沉船木料來自非洲或印度，船板並無釘子連接，而是把板塊拼合後舷板穿孔，用棗椰纖鬚揉搓而成的繩子緊密綴縫，再用樹脂、石灰、糖漿塗上敷蓋，滴水不漏。

　　資料指出阿拉伯三角帆船很早就來到中國，中土商船在魏晉南北朝也遠涉重洋到過波斯灣沿岸地區，表明漢朝開通往西域的絲綢陸路外，已另有一條海上絲綢之路，不少阿拉伯客商沿著這條航道前來中土貿易。唐宋年間，廣州、揚州、泉州等地已設有市舶司，唐開元29年（741）在廣州城西設置「番坊」供外商僑居，並設「番坊司」及「番長」進行管理，專門處理海外貿易、收等涉外事務。抵達這些港口的外邦商船，以阿拉伯三角帆船最多，阿拉伯客商早在8世紀前就從海路來到中國，有些更長期滯留在廣州番坊的穆斯林社區。阿拉伯民間傳說名著《天方夜譚》（《一千零一夜》）有一則〈辛伯達航海家〉的故事，講述阿拔斯王朝航海家辛伯達多次冒險出航，終於乘三角帆船到達廣州。雖是一則文學故事，但也反映西元8、9世紀以前阿拉伯人與中國頻繁交往的情況。

　　海洋考古學家以及參與打撈黑石號的邁克‧弗萊克（Michael Flecker）比較了黑石號和同時期三種類型的沉船，認為黑石號沉船代表最早於西元5世紀在東南亞使用的縫合帆船，完全由縫合建造的船隻曾在非洲海岸、阿曼（Oman）海灣、紅海、印度沿岸，以及馬爾地夫等地都有發現。

　　儘管黑石號之前發現的東南亞沉船中，從未發現過類似的阿拉伯三角帆船，美國大都會藝術博物館東南亞專家蓋約翰（John S. Guy）指出，晚唐劉恂所撰地理雜記《嶺表錄異》中曾經提到，「賈人船不用鐵釘，只使桄榔鬚繫縛，以橄欖糖泥之。糖幹甚堅，入水如漆也。」所謂橄欖糖是從桄榔樹（Arengapinnata）收集自切口流出來的樹液蒸發成濃糖漿，冷卻後形成半固體的糖，「泥之」即是用這濃漿塗在板塊接口上，葉鞘可做成有用的纖維。船隻的建造地點可能在阿拉伯或印度，印度更有可能是船隻實際建造的地點，但阿拉伯地區的可能性並沒有被完

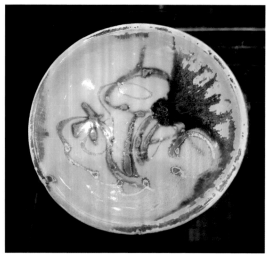

作者自藏的唐代長沙窯青釉褐彩碗　　　　　　　　　唐代長沙窯青釉褐彩碗（底部）

全排除，因為這些木材常常被阿拉伯地區進口用於建造船隻。弗萊克反覆研究黑石沉船的結構，得到的結論是，「從建造的方式、材料以及船體的形狀來看，作者可以確定勿里洞沉船就是一艘阿拉伯船隻。」（From an analysis of construction methods and materials and hull form, the author has determined that the Belitung shipwreck is an Arab vessel）。

　　黑石沉船撈起共六萬七千多件唐代瓷器及金銀器，其中五萬六千件為長沙窯器，以碗盤為主，其他為執壺、杯盤、盒罐、熏爐和油燈等。此外還有兩百件浙江越窯青瓷、三百五十件北方白瓷、一百多件河北邢

左、右圖　作者自藏的唐代長沙窯青釉褐彩草雲捲碗

窯白瓷、兩百多件河南鞏縣窯白瓷、兩百件北方白釉綠彩陶瓷器、七百餘件廣東窯口燒製的粗糙青瓷。

海撈瓷器中有一隻長沙窯碗，釉下寫有「寶曆二年七月十六日」九字，寶曆為唐敬宗年號，寶曆二年，即西元826年，因而證實為唐代瓷碗，該船為唐代沉船。

印尼打撈後未經公開研究或拍賣，便流入新加坡私人收藏，轉成國家收藏，從聖淘沙輾轉遷入亞洲文明博物館（Asian Civilisation Museum），引起不少爭議。史密森尼學會（Smithsonian Institution）下屬的賽克勒美術館（Arthur Sackler Gallery of Arts）原計畫在2012年初舉辦黑石號文物在美國首展，但在2011年，一批美國國家科學院的考古學家和人類學家向史密森尼學會寫信，對這項展覽計畫提出批評，隨後美術館推遲這項展覽。來自美國考古學會、美國海事博物館協會和國際水下文化遺產委員會，以及史密森尼學會內部的批評者認為，黑石號的發掘是為了商業利益而進行，發掘進行過於迅

以上三圖　作者自藏的唐代草雲捲碗

長沙窯碗，釉下寫有「寶曆二年 七月十六日」九字。

本頁圖 長沙窯執壺及熏爐

速，以至於損失了附著於船員和貨物上的歷史信息，他們要求重新考慮
這次展覽是否應該進行。其他學者則質疑黑石號的發掘不符合水下考古
相關的國際公約，而史密森尼學會對黑石號文物的展覽是對盜寶行為的
鼓勵。2011年6月28日，賽克勒美術館推遲了原定的展覽計畫，而此項
展覽直至2017年4月，方才在紐約亞洲學會博物館順利進行。

新加坡亞洲文明博物館提供的資料顯示，此批文物當初是幾個漁民
在勿里洞島附近潛水撈捕海參，發現海底隆起沙堆，堆內有許多被珊瑚

長沙窯執壺   長沙窯油燈

覆蓋的瓷碗，沉瓷發現立即引起印尼政府的關注。由於沉船位在離岸不遠的水淺處，極易遭人盜撈及毀損，印尼政府立即授權一家打撈公司進行作業，經過兩次打撈（1998年、1999年），發掘出六萬多件文物。

為什麼新加坡這麼在意購置這批唐代文物？冒天下之大不韙，更以迅雷不及掩耳的手段與印尼政府洽商，以邱德拔遺產基金會的名義捐助購藏？引致國際考古界及收藏界側目？

文明博物館強調，這艘唐代沉船在新加坡東南方約380公里被發現，點明了新加坡地區在一千多年前就已是國際貿易樞紐，該國位於中南半島最南端，扼守麻六甲海峽最南端出口，其南面新加坡海峽與印尼相隔，北面柔佛海峽與馬來西亞相隔，又因地處印度洋與南中國海之間，位於中東至印度、東南亞與中國的繁忙海上絲綢之路，各地商船除了在新加坡貿易通商，更讓文化各異的民族得以相互接觸，推動多元文

化藝術交流，這艘唐代沉船代表的意義就不止是外貿商品，而是見證新加坡當年所扮演的國際轉運站角色，以及它在這地區海上貿易不可或缺的港口位置。

1330年元代航海家汪大淵首次來到新加坡，並在所著《島夷志略》一書將新加坡稱為「單馬錫」，並留下「近年速古台王朝曾派七十多艘兵船攻打單馬錫，一月不下」的紀錄，速古台王朝就是素可泰王朝，是泰國在湄南河中上游地區建立的古代王朝。1365年的《爪哇史頌》把新加坡叫做「Tamusik」，繪製於1430年（明代宣德五年）的〈鄭和航海圖〉則稱新加坡為「淡馬錫」，類似的名字還出現在同一時期的一份越南文獻。顯然無論是「單馬錫」、「淡馬錫」、還是「Tamusik」，都是爪哇語Temasek（海港）的對音，源自梵文「tamarasa」（黃金）。14世紀淡馬錫是一個繁忙的多元港口，銜接東南亞國家、中國、印度和中東地區各地前來經商的船隻，直到15世紀麻六甲及其海峽優勢方才取代淡馬錫的領導位置，甚至把淡馬錫納入麻六甲王朝版圖。16世紀葡萄牙人攻占麻六甲後，大航海時代的西班牙人，英國人、荷蘭人相繼前來殖民。

新加坡最早的大批移民來自福建、廣東兩省華人，一部分是明代鄭和下西洋留下，一部分是近代脫離馬來西亞聯邦後，自大馬過來的華人，包括眾多菁英分子，掌握當地的政治經濟樞紐（與馬來西亞的巫裔當權恰好相反），融合其他民族成為一個多元種族文化的國家。

1965年新加坡獨立，依靠國際貿易和人力資本的操作，同時憑藉著地理優勢，成為亞洲重要金融、服務和航運中心。新加坡共和國為多元民族文化合成的有機體，其主要四大族類：華族、馬來族、印度族和歐亞族，以華族最為龐大，占全國人口四分之三，因此華族文化在新加坡各方面都占有突出地位，儘管文化傳統已與當地其他種族文化融合，但卻恪守華夏傳宗念祖、敦親睦鄰的優良傳統，過年過節不敢稍忘。絕無僅有的唐代沉船所攜同的唐瓷，絕對與新加坡華人或唐人有著根深蒂固的血脈關連，並且以擁有它們而驕傲。

▌航線與沉寶

　　且說來自美國考古學會、美國海事博物館協會和國際水下文化遺產委員會，以及史密森尼學會內部的反對者認為「黑石號的發掘是為了商業利益而進行。發掘進行得過於迅速，以至於損失了附著於船員和貨物上的歷史信息」，實在有點莫須有。從本書第一章南京船貨1985年開始的沉船發掘，又有哪一次不是為了最後的商業利益（拍賣）？哪一次不是迅速進行而無法還原數百年，甚至千年的歷史信息？支持者認為對黑石號的發掘在印尼政府的請求下展開，符合印尼當地的法律，並符合當時的國際公約。部分學者對商業介入黑石號發掘表示支持，新加坡東南亞研究所研究員陸彩霞稱，黑石號的發掘是「在東南亞困難的條件下進行的一項可敬的工作。」與其他商業行為不同，「沃特方的公司在發掘時正確記錄了沉船的結構，保持了貨物的完整性，考古發現得到了保留、研究、歸類和出版」，「很難想像在沒有商業行為介入下，這一工程將如何開展」沉船開展發掘的許可被授予印尼當地的一家打撈公司，隨後在合作協議下由德國人蒂爾曼・沃特方（Tilman Walterfang）及其在「海底探索」公司（Seabed Explorations）的隊伍進行打撈工作，周邊保安工作則由印尼海軍提供。蒂爾曼・沃特方和原印尼打撈公司達成過合作協議，禁止黑石號文物拆開出售（not to sell off to collectors piece by piece）。儘管在發現後，黑石號也曾遭到多次盜掘，尤其是在兩次發掘之間，沃特方仍然將出水文物視為一組從中獲知原始信息的完整收藏。賽克勒美術館館長朱利安・雷比（Julian Raby）稱這批文物提供了對「（古代）中國產業容量和全球貿易無可比擬的深切了解」（unparalleled insight into China's industrial capacity and global trade），出水文物在一間私人保護機構中保存了六年，進行器物除鹽（desalination）的保護措施，開展研究工作，並在「海底探索」公司進行復原。

　　美國賓州大學漢學家梅維恒（Victor H. Mair）公開惋惜賽克勒美術館的撤展，認為黑石號的歷史教育價值如此龐大，那些要求撤展的人根本就否決了普通市民與夠資格研究者進入勿里洞沉船接觸豐富收藏的事實。

以稻草綑紮而層層放於存儲罐內的瓷碗

　　黑石號出水文物最初開價4000萬美元，2005年在新加坡首富邱德拔後人捐助下，由當時新加坡聖淘沙娛樂集團（後改為聖淘沙發展局）花費3200萬美元購得，此後文物由新加坡政府獲得，並永久收藏在新加坡亞洲文明博物館中的邱德拔藝術館。

　　黑石號出水文物最大宗是六萬餘件的長沙窯瓷器，這些瓷器在裝船時堆疊成圓柱形，使用稻草綑紮後放在存儲罐，其中有瓷碗寫「寶曆二年七月十六日」九字，這一年對應年份（826年）與放射性碳14定年法測定沉船中的八角香料（star anise，除佐料外，還是製酒原料）年代一致。另一瓷碗則寫有「湖南道草市石渚盂子有明樊家記」，標明唐代產地和生產作坊，「石渚」至今仍為長沙市望城區地名。瓷器釉面有異國紋飾，包括桫欏紋（一種常綠蕨類植物，台灣有桫欏樹）、胡人肖像和阿拉伯文字，證明長沙窯已為當時重要的外貿瓷產地，而裝載長沙窯存儲罐出自唐代中、晚期廣東新會的官沖窯，新會先民曾經在古井島興建大型窯場生產青瓷，得益於海上絲綢之路貿易繁盛，為唐代廣東重要的外貿瓷產地之一。

　　長沙窯瓷器絢麗多彩，饒富穆斯林異國情調，千年後黑石沉船五

萬多件長沙窯碗盤雖有破損及釉彩脫落，但大部分均完整，實屬難得。長沙窯工藝屬釉中彩，用含鐵釉料描畫紋飾在上了透明釉的胚胎上，描繪圖案釉料會溶融於透明釉上，這種在透明釉上施工稱釉中彩。青花是在胚體描繪後再上透明釉，稱釉下彩。明清鬥彩及粉彩是在已成瓷釉面上描繪低溫色料，叫釉上彩。海上絲綢之路的興盛，以及黑石號帶著唐三彩流淌風格的長沙窯瓷大量出水發現，首次說明這類瓷器大批外銷的事實，採用異國風情紋飾及在瓷器或金銀器上的胡人圖案，或《古蘭經》文字，都是為外銷需求而專門製作。

盛唐時代同樣風靡全國卻又有如霜如雪、如溫如玉的白瓷，杜甫在四川成都〈又於韋處乞大邑瓷碗〉一詩內：「大邑燒瓷輕且堅，扣如哀玉錦城傳。君家白碗勝霜雪，急送茅齋也可憐。」《唐國史補》卷下有說：「內邱白瓷甌……天下無貴賤通用之。」

出水瓷器有三件唐代釉下彩青花瓷引人注目，這些青花瓷出於唐代東都洛陽附近的鞏縣窯，發現時為最早、最完整的中

標有「湖南道草市石渚盂子有明樊家記」的瓷碗

中、下圖 有異國紋飾的長沙窯瓷器，是當時重要的外貿瓷

左、右圖　唐代中晚期廣東新會的官沖窯存儲罐

以上三圖　採用釉中彩技術的長沙窯

國青花瓷，且與揚州唐城遺址出土的青花瓷碎片紋樣類似。這種紋飾在唐代陶瓷、金銀器中罕見，卻與同船發現的金盤紋樣類似，當同為外銷器物。黑石號上的發現，證明唐代已可燒造早期青花瓷，且已用於出口。但是此唐青花僅是鈷藍顏色的呈現，釉色散漫，紋飾簡單，與成熟期元朝至正年的如意雲肩纏枝花卉青花瓷，不可同日而語。

以上三圖　盛唐時代的白瓷

黑石號有隻「盈」字款的綠釉花口碗，以及帶有「進奉」款的白釉綠彩瓷，部分學者推斷為皇家用瓷，「盈」字指皇家大盈庫，進而推測黑石號是否帶有某種外交使命。北京大學考古文博學院齊東方教授在〈黑石號沉船出水器物雜考〉一文內更正指出：「一般認為，『盈』字款瓷器進入皇室的大盈庫，由於多出土於邢窯窯址，又被認為屬邢窯窯產品，是供皇室享用的瓷器。而參照以往的發現，黑石號上帶有『盈』字款的綠釉花口碗應產自河南鞏義窯，也就是說帶『盈』字款的器物並非邢窯獨有。黑石號上的物品是商品，應是在揚州一帶購買。『盈』字款的白瓷，除在唐長安大明宮外，在西明寺、青龍寺、西安唐新昌坊也有出土，且在邢台市、河北易縣的非高級貴族的唐墓中發現，可見把『盈』字直接與大盈庫對號入座的看法還應

白瓷渣斗

左、右圖 出於唐代東都洛陽附近的鞏縣窯釉下彩青花瓷

仔細斟酌。也許帶有『盈』字款的器物在唐代皇室宮廷使用，卻並非是專用，在民間和市場上也有使用和出售。黑石號還有『進奉』款的白釉綠彩瓷，說明『進奉』款的器物也會流入市場。」（《故宮博物院院刊》，北京，2017年第3期)

出水陶瓷中包含一件白釉綠彩帶把陶瓶，瓶高約3.28英尺，長頸圓腹，腹底設有喇叭形，頸上設有瓣口，頸部和高足部分飾鳳或孔雀尾，腹部有方框四角帶植物，把上端裝飾有蛇頭。船中另有一件綠釉帶樽龍首，可與壺口大體吻合，疑為器蓋。此類帶把瓶如裝水酒，均無法持重，並非實用器，在中土多為明器。

賽克勒美術館苦心孤詣，原本計畫2012年初舉辦黑石號文物在美國首展，於2010年就出版了一本康蕊君（Regina Krahl）等人掛名主編，精裝厚達三百零七頁的《沉船：唐代寶藏與季候風》（*Shipwrecked：Tang Treasures and Monsoon Winds*，出版後轉眼售罄），利用各專家的特長撰寫黑石沉船的背景及沉寶。國立台灣大學藝術史研究所講座教授謝明良就在書內指出，沉瓷主要燒製於9世紀的湖南長沙窯、浙江越窯、河北邢窯和廣東窯系等瓷窯。除此之外，沉船還發現了三件可能來自河南鞏縣窯的所謂唐青花瓷，以及近兩百件的白釉綠彩鉛釉陶器。後者白釉綠彩陶器的產地學界見解分歧，可能是來自河北地區瓷窯場所生產，

同時不排除是來自邢窯燒製。從黑石號沉船考慮到當時的航線，可能是在揚州解纜出港，經廣州，其最終目的地可能是波斯灣貿易古港尸羅夫（Siraf，現稱希拉夫港Bandar Siraf），是藉著東方貿易往來最富有的波斯灣海港城市。

唐末至宋代來華阿拉伯番商中，亦以尸羅夫商人居多。這些番商大多浮海而來雲集廣州，後又到泉漳兩州沿海城市。10世紀初在尸羅夫港居住的阿拉伯作家阿布・薩依德・哈珊（Abu Zaid Hassan）記載，黃巢起義「在回教紀元264年（878，唐僖宗乾符五年）攻陷廣府（Kanfu，即廣州），據熟悉中國事務之人云，除殺中國人外，回教徒、猶太人、基督教徒、火祆教徒，亦被殺甚多。死於此役者達十二萬人……中國之事變波及海外萬里之西拉甫港（即尸羅夫）及甕蠻（阿曼）兩地之人。」

謝明良還提到唐代精於地理學的尚書左僕射賈耽撰寫的「廣州通海夷道」海上航線，這一通海夷道記載在《新唐書・地理志》內全長1.4萬公里，商船從廣州起航，向南至珠江口的屯門港，然後折向西南方，過海南島東北附近的七洲洋，經越南東南部海面，越過馬來半島湄公河口，再通過新加坡海峽到蘇門答臘島，向東南行駛往爪哇，西出麻六甲海峽，橫越印度洋抵達斯里蘭卡和印度半島南端，再從印度西海洋至波斯灣的巴斯拉（Basra）港。但是大船不能進入巴斯拉，如換作小船，沿著幼發拉底河航行一段

白釉綠彩龍頭

白釉綠彩帶把陶瓶

《沉船：唐代寶藏與季候風》一書書影

131

本頁圖　白釉綠彩鉛釉陶器

左、右圖 白釉綠彩鉛釉陶器

時間，就可以到達巴格達。當年波斯灣另一個重要貿易港口，是座落灣頭的古港伍布萊（Ubullah），這條航線的開闢促進了廣州的繁榮，僅唐代宗年間，每年到達廣州的阿拉伯商船就有四千多艘，來自西亞，甚至非洲的大量外商在這裡出入，因此有了「雲山百越路，市井十洲人」的說法。

但是我們發覺黑石號沉船並非「再通過新加坡海峽到蘇門答臘島，向東南行駛往爪哇，西出麻六甲海峽」，他們沒有從南中國海經越南西出麻六甲海峽，而是南駛往距離新加坡380公里直趨爪哇海的勿里洞島，準備取蘇門答臘與爪哇兩大島中間的巽他海峽（Sunda Strait），出海直趨印度洋。

黑石號航線意圖不取一般航線而遭觸礁，至今仍百思不解，幸水淺靠近勿里洞島，船員應已個別逃生，沉船並未發現骸骨。當年的亞洲大陸，一邊是開放的大唐帝國，另一邊是在阿拉伯國勢強盛，開展貿易的阿拔斯帝國，兩大帝國勢力互相激盪，讓富有冒險精神的唐人與阿拉伯商人開闢出最長的海上絲綢之路。

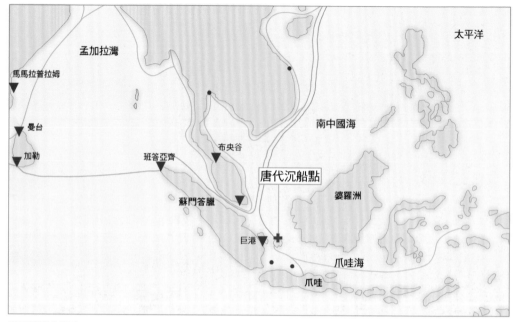

黑石號沉船位置圖

▌ 銅鏡與金銀器

　　黑石號沉船一共出水二十九面銅鏡，大
部分是唐鏡，今天我們看到一定雀躍不已，
因是千年古鏡，但當時當地，卻只是不增不
減鏡背鑲造華麗紋飾的青銅鏡，這些鏡子包
括著名的海獸（狻猊）葡萄鏡、真子飛霜葵
花鏡、八角菱花鏡，弦紋素鏡、仿漢四靈博
局鏡等等，還有一面讓銅鏡考古專家為之注
目，百聞尚未一見的江心百鍊鏡。

海獸（狻猊）葡萄鏡

　　這面百鍊鏡雖然鏽斑漫漶（不是黑漆古），
上面一圈二十四字銘文「揚子江心百鍊造成唐乾元元
年戊戌十一月廿九日於揚州」仍可辨識，確是一面唐鏡，但非精品。此
鏡鈕座（唐人稱鼻，knob）居中，外繞簡單線條四靈獸，朱雀玄武、青
龍白虎，玄武一靈只有龜無蛇。外圈繞以乾坤八卦，斷續斷續，卦卦不
同，看來是一面宗教法事避邪的鏡子。唐人傳奇〈古鏡記〉為隋唐山西

人王度所撰，誌怪述異，辭章藻麗，涵義深幽，迂迴曲折，是傳奇文體的壓卷之作。內述王度得侯生贈古鏡一面，持之不但可避邪怪，更會在日月薄蝕，鏡面便昏昧無光，日月光復，隨即光彩如昔。王度曾以此古鏡贈弟王勣，以壯遠遊。王勣攜鏡出入長江流域名山大川、叢林草莽，

黑石號沉船出水的銅鏡

仿漢四靈博局鏡

江心百鍊鏡

皆能降魔避邪，驅獸伏波。侯生當初把一面古鏡贈予王度，鏡子的描述是這樣的：

鏡橫徑八寸，鼻作麒麟蹲伏之象，遶鼻列四方，龜龍鳳虎，依方陳佈。四方外又設八卦，八卦外置十二辰位，而具畜焉。辰畜以外，又置二十四字，周遶輪廓，文體似隸，點畫無缺，而非字書所有也。侯生云：「二十四氣之象形」。

真正的江心百鍊鏡應是唐代「盤龍鏡」的延伸，唐朝李肇《唐國史補》下卷〈揚州貢鏡〉一條內云：「揚州舊貢江心鏡，五月五日揚子江所鑄也。或言無百煉者，六七十煉則止。易破難成，往往有鳴者。」白居易更有〈百鍊鏡〉一詩：

百鍊鏡，熔範非常規，日辰處所靈且奇
江心波上舟中鑄，五月五日日午時
瓊粉金膏磨瑩已，化為一片秋潭水
鏡成將獻蓬萊宮，揚州長吏手自封
人間臣妾不合照，背有九五飛天龍
人人呼為天子鏡，我有一言聞太宗
太宗常以人為鏡，鑑古鑑今不鑑容
四海安危居掌內，百王治亂懸心中
乃知天子別有鏡，不是揚州百鍊銅

由此可知，「背有九五飛天龍」的百鍊鏡，即是「盤龍鏡」。相傳唐朝忠臣魏徵病逝時，唐太宗悲慟至極，謂侍臣：「人以銅為鏡，可以正衣冠，以古為鏡，可以見興替，以人為鏡，可以知得失。魏徵歿，朕亡一鏡矣。」《太平廣記》第二百三十一卷引內載《異聞錄》〈李守泰〉一則，「天寶三載五月十五日，揚州進水心鏡一面，縱橫九寸，青瑩耀日，背有盤龍，長三尺四寸五分，勢如生動。玄宗覽而異之。」於是進鏡官揚州參軍李守泰解釋說，在鑄鏡時有一老人名龍護，攜一小童名玄冥，助鏡匠呂暉於5月5日午時揚子江中，鑄成盤龍鏡一面，鏡成之前，失龍護玄冥所在（暗示兩人化入鏡中），後來唐玄宗以此鏡祈雨，

風虎雲龍，無不靈驗。《異聞錄》又載揚州進奉有「水心鏡」，存於長安內庫，後在天寶七載（748年）被道士葉法善尋出，用於道家祈雨法事活動。

黑石號上的金銀器

紋飾華麗的海獸葡萄鏡原為盛唐初富貴人家用鏡，中晚唐間已廣傳尋常百姓家。此鏡以精緻海獸葡萄浮雕分內外兩區，內區以一隻豐腴母獸匍匐當中為鈕座，四周團繞四隻活潑奔馳的子獸，所謂海獸，言人人殊，其形介乎狻猊、狐狸與狗犬間的瑞獸。鏡外區飾以一圈高線纏枝葡萄果葉，周圍有八隻雀鳥，或飛翔或棲息，或啄食葡萄，生機盎然，鏡邊配以四十九朵碎花如疊雲，是一面討人喜愛的青銅鏡子，也是出口外貿金屬器中價位適中的商品。

揚州在中晚唐時期因工商業崛起，金銀器製作逐漸成為中心，黑石號的金銀器應是在揚州一帶製造。唐代金銀器出土，歷年來考古有三大發現，那是1970年西安市南郊何家村出土的唐代窖藏、1978年陝西扶風法門寺地宮出土的唐僖宗皇室禮佛金銀器，以及1982年江蘇丹徒縣丁卯橋出土的唐代金銀器窖。丁卯橋金銀器在唐代屬潤州丹徒縣，潤州是唐

黑石號上的金銀器

黑石號上的金銀器　　　　　　　粟特的金銀工匠技藝隨著絲路傳入中國長安

代南方金銀器生產樞鈕地區，後升為鎮江府，地處京杭大運河與長江交通要塞，唐代漕運和民間船隻都要從這裡航行。丁卯橋窖藏於中晚唐時期與金銀器一同出土，其餘還有越窯青瓷、白瓷及蓮花紋瓦當。中晚唐時期，地方官吏進奉之風甚盛，大量南方金銀器流入宮廷，丁卯橋窖藏金銀器可能就是潤州地方官吏準備向皇室進供的貢品，由此可知揚州金銀器工業的發達。唐代皇家貴族迷信使用金銀器可以延年益壽，長生不死，因而在日常生活特別講究金銀飲食器具。

　　粟特金銀工匠於西元5至6世紀就能夠在器物壁面捶揲出凸凹起伏的多瓣裝飾，這種捶揲技巧（repousse）器物的技術風格影響唐代金銀器極大。一些粟特的金銀工匠隨著絲路進入中國長安居住，除了貢獻他們製造金銀器皿的藝術，還把技術傳授給本地工匠。唐代的金銀器大量吸收了中亞、南亞的造型藝術，採用西方器物在壁面捶揲出凸凹起伏的多瓣裝飾，把金銀原料儘量舒展拉薄，同時更別出心裁地在器物上作出整體紋飾，風格流暢華麗，為西方所無。

　　隋唐以前的飲酒習慣，均用雙手捧飲，酒杯無柄把。隋唐的銀鎏金帶把杯多由粟特輸入，或仿西域酒杯風格在長安打造而成。葡萄酒一出，風行一時，多用較大的杯子盛酒，由酒到器，自然而然溯源到西域飲酒習慣及所用酒器形式，以求逼真。因而玻璃、鎏金銀帶把酒瓶、酒

八棱帶把鎏金杯

杯的藝術風格極富異國情調，包括對中亞外國的學習吸收，融合本土，
千變萬化。黑石沉船有一隻八稜帶把鎏金杯，每稜面黏貼有胡人樂伎，
與唐代前期曾出現過的粟特風格帶把八稜鎏金杯十分相近，但應是揚州
地區製造，而非長安。

　　齊東方指出，黑石號有多件銀盒都是曲瓣形態，造型如花朵或雲
朵，刻意強調器物的弧曲變化，優美流暢，正是當時南方器物普遍流行
的做法。唐代南方金銀藝匠的創新，非中原藝匠敢嘗試，體現了南北地
區藝術品味的不同，更可推知，沉船上的金銀器應是南方揚州一帶遠銷
海外的產品。

　　沉船有方形鎏金盤除造相特殊，紋飾以魚子紋作地，寶相花及葉
子在中心構成佛教「卍」字圖案，佛教「卍」字少量出現在唐宋青銅方
鏡，但卻是第一次出現在金銀器。

廣州通海夷道／唐　賈耽

　　廣州東南海行，二百里至屯門山，乃帆風西行，二日至九州石。又南二日至象石。又西南三日行，至占不勞山，山在環王國東二百里海中。又南二日行至陵山。又一日行，至門毒國。又一日行，至古笪國。又半日行，至奔陀浪洲。又兩日行，到軍突弄山。又五日行至海硤，蕃人謂之「質」，南北百里，北岸則羅越國，南岸則佛逝國。佛逝國東水行四五日，至訶陵國，南中洲之最大者。又西出硤，三日至葛葛僧祇國，在佛逝西北隅之別島，國人多鈔暴，乘舶者畏憚之。其北岸則個羅國。個羅西則哥谷羅國。又從葛葛僧只四五日行，至勝鄧洲。又西五日行，至婆露國。又六日行，至婆國伽藍洲。又北四日行，至師子國，其北海岸距南天竺大岸百里。又西四日行，經沒來國，南天竺之最南境。又西北經十餘小國，至婆羅門西境。又西北二日行，至拔狄國。又十日行，經天竺西境小國五，至提狄國，其國有彌蘭太河，一曰新頭河，自北渤昆國來，西流至提狄國北，入於海。又自提狄國西二十日行，經小國二十餘，至提羅盧和國，一曰羅和異國，國人於海中立華表，夜則置炬其上，使舶人夜行不迷。又西一日行，至烏剌國，乃大食國之弗利剌河，南入於海。小舟溯流二日至末羅國，大食重鎮也。又西北陸行千里，至茂門王所都縛達城。自婆羅門南境，從沒來國至烏剌國，皆緣海東岸行；其西岸之西，皆大食國，其西最南謂之三蘭國。自三蘭國正北二十日行，經小國十餘，至設國。又十日行，經小國六七，至薩伊瞿和竭國，當海西岸。又西六七日行，經小國六七，至沒巽國。又西北十日行，經小國十餘，至拔離謌磨難國。又一日行，至烏剌國，與東岸路合。西域有陀拔思單國，在疏勒西南二萬五千里，東距勃達國，西至涅滿國，皆一月行，南至羅剎支國半月行，北至海兩月行。羅剎支國東至都槃國半月行，西至沙蘭國，南至大食國皆二十日行。都槃國東至大食國半月行，南至大食國二十五日行，北至勃達國一月行。勃達國東至大食國兩月

方形鎏金盤以魚子紋作地，中心以寶相花、葉子構成「卍」字圖案

行，西北至岐蘭國二十日行，北至大食國一月行。河沒國東南至陀
拔國半月行，西北至岐蘭國二十日行，南至沙蘭國一月行，北至海
兩月行。岐蘭國西至大食國兩月行，南至涅滿國二十日行，北至海
五日行。涅滿國西至大食國兩月行，南至大食國一月行，北至岐蘭
國二十日行。沙蘭國南至大食國二十五日行，北至涅滿國二十五日
行。石國東至拔汗那國百里，西南至東米國五百里。屬賓國在疏勒
西南四千里，東至俱蘭城國七百里，西至大食國千里，南至婆羅門
國五百里，北至吐火羅國二百里。東米國在安國西北二千里，東至
碎葉國五千里，西南至石國千五百里，南至拔汗那國千五百里。史
國在疏勒西二千里，東至俱蜜國千里，西至大食國二千里，南至吐
火羅國二百里，西北至康國七百里。

第 10 章
瑞典打撈員與馬來西亞沉船

　　瑞典人史坦・舍斯特蘭朗（Sten Sjostrand，簡稱史坦，前曾譯為祖史特朗，在此修正）本是一名傑出的海洋工程師，由於厭煩刻板的辦公室工作，1969年離開瑞典到新加坡當船舶設計師，其最著名的海洋工程設計，是1987年在新加坡建築世界第一座擁有兩百個房間的五星級水上酒店。他在新加坡待了二十年後，又覺得那裡太多限制，帶了一筆積蓄來到馬來西亞追尋夢想，發現南中國海有很多失事沉船，便購買了一艘遊艇，加裝很多打撈工具，利用聲納儀器在馬來西亞東邊海域進行海底打撈及海洋考古。從1992年開始至今，據他說：「發現並打撈了十一艘從11世紀到19世紀的沉船」，這十一艘明清沉船只是他在訪問中的公開數字，圍繞著馬來半島兩邊大大小小的沉船，大約有一百二十艘，十一艘真是九牛一毛。

　　史坦年輕因自製炸彈炸斷了左手四根手指，但卻無礙潛水打撈工作，他住在馬來西亞東邊彭亨省靠南中國海岸的一個小鎮，對沉船文物的珍惜與熱誠，極是難得，是個殷實人。

　　筆者當年有工作，每兩年均到吉隆坡一趟，但因美國教務，來去匆匆，赴大馬東岸彭亨州交通並不方便，只好放棄訪尋他。但與他交往有著兩重關係，因曾為文報導他的好友洛珊娜・布朗（Roxanna Brown）在西雅圖逝世消息，他在書信中亟想知道得更詳盡及發展。此外，我向他買了一些明清沉瓷，除中國外貿瓷外，還包括越南青花及泰國兩大窯址素可泰（Sukhothai）及西薩查那萊（Sisachanalai）的青瓷，早年互有書信來往。

　　他於1995年便在大馬探測到一艘15世紀沉船，首次撈獲小量中國、

越南青花瓷及漆器，後來又在麻六甲海峽打撈起一艘17世紀的葡萄牙沉船（想是「萬曆號」），從許多的沉船紀錄看來，顯示出中國直到14世紀，仍是單邊出口外貿瓷到東南亞及西方的大外銷國，一直要到明朝初期才產生出布朗所謂的「明海禁，明間隔」（Ming Ban, Ming Gap）現象。

明朝間隔首先由英國人類考古學家湯姆·哈里遜（Tom Harrisson）提出，來自新加坡當時尚是北京大學考古文博學院博士的研究生戴柔星（戴博士現任教於新加坡南洋理工大學地球觀測與研究所）在一篇論文〈空白期和明代間隔期〉（後發表於2012年）中，精闢地把空白期（Interregnum）與明代間隔期（Ming Gap）分開，後者的間隔期當年因「砂勞越博物館館長哈裡森（Tom Harrisson）在1958年指出，婆羅洲西南角至砂勞越河三角洲東北上百英里（1英里等於1.6公里）的海岸線範圍內，沒有發現任何明代人們活動的痕跡，連打破的明代瓷器也沒有，但是卻有上百萬片明代以前的瓷片。因此，他和同僚以"Ming Gap"稱呼這種現象，並撰文尋尋求援助，希望學術界能夠提供協助。」

戴柔星繼續指出，當年泰國曼谷大學東南亞陶瓷博物館館長布朗（Roxanna Brown）於2004年完成的博士論文中肯定了"Ming Gap"的存在。她通過水下考古的成果，從十五艘沉船上的瓷器說明明朝政府的海禁導致中國陶瓷失去壟斷市場的地位。她根據沉船陶瓷中中國瓷器和東南亞瓷器的比例說明，中國陶瓷在1325年以前百分之百壟斷市場，此後沉船中發現的中國陶瓷比例下降到百分之三十至五十之間，在1368至1424至1430年（洪武至鄭和遠航結束）之間稍微上升，之後在1424至1430至1487年之間又進一步下降至百分之五，在1488至1505年（弘治）出口又急劇增加，過後又消沉了六十年，1573年以後又恢復壟斷地位。在中國減少出口期間，越南和泰國的瓷器取代中國瓷器成為大宗，一旦中國恢復出口，越南和泰國瓷器便退出市場。布朗根據沉船陶瓷提出兩個重要觀點：在1325年至1380年之間，外銷瓷有一段考古上的缺口，而1352至1487年的一百餘年沒有外銷的青花瓷，後者就是所謂的「明代間隔期（Ming Gap）」。

這些觀念見解都可見諸布朗在她身後（posthumously）出版的《明

間隔與東南亞沉船瓷器》（*The Ming Gap and Shipwreck Ceramics in Southeast Asia, 2009*）一書，副題是「朝向一個泰國貿易瓷的年代表」（Towards a Chronology of Thai Trade ware），可見她對泰瓷的傾注。這原是她在加州大學洛杉磯分校藝術史系2004年的博士論文，文筆洗鍊，可謂處理東南亞沉船外貿瓷（尤其越南、泰國、馬來西亞沉瓷）首開先河的全面研究，但是要把泰沉瓷去片面建立一個泰外貿瓷的全面年代表，雖然強調明朝間隔期間，中國一度失去壟斷外貿瓷器的領導地位，一直要到1573才回復領導鋒芒；再利用史坦在馬來西亞打撈上來的越南、泰國沉船瓷器，證實東南亞陶瓷趁明代海禁興旺的現象，但卻有以偏概全的取向。

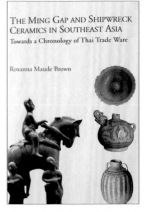

《明間隔與東南亞沉船瓷器：朝向
一個泰國貿易瓷的年代表》書影

其實問題取向，應該利用沉船資料及航線地區找出泰越陶瓷一向興旺的軌跡，不必強行強調「間隔期」的關連。也許，因為間隔現象，東南亞陶瓷供應短缺，產生出大量對越泰陶瓷的需求，因而有「會安沉船」船艙存有約二十五萬件越南外銷大小青花瓷器，其中十五萬件完整，十萬件殘缺，提供極為難得

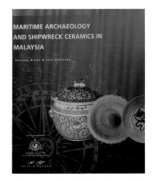

《馬來西亞海洋考古與沉船陶瓷》
目錄書影

的越南青花瓷完整研究資料，史坦的沉船泰國青瓷亦屬如此。泰越陶瓷雖不是西方國家眼中的理想貨品，但在東南亞國家而言，航程短，價格低，用作日常所需（如漳州瓷）恰到好處，但是如把這期間一些出口外銷現象加諸於明代海禁產生的「間隔」，卻又未免強作解人，沒有把因「禁」或「不禁」而產生出「需求」的空間現象道出，也是一般西方學者的弊病。

2004年11月布朗應邀到台北故宮作一系列東南亞陶瓷研究講座，內容觸及亞洲外貿瓷的產地與年代架構，故宮研究員及台大教授施靜菲博士特別為她的演講寫了一篇〈陶瓷資料庫的拼圖〉摘要。（《故宮文物》月刊，no.264，2005年3月）當時把Ming Gap 譯為明代「斷層」，而筆者在「間隔」與「斷層」之間，無可奈何選擇了前者，雖未臻理想，主要來自英

語（或美語，布朗生長在美國）對Gap字詮釋，乃是指出「空間」意義（譬如美國時尚服裝店Gap的空間字義），也就是說，明代海禁全面禁止瓷器外銷後，所產生的缺口空間，讓越泰外貿瓷趁機而起流銷至東南亞國家。至於「斷層」或缺口之意，卻讓人產生地層或地震的聯想，譬如美國加州聖安德列亞斯斷層（St.Andreas Fault，加州的一個較大斷層，引起眾多地震）。

在演講中，布朗主要以馬來西亞海域發現介於1380至1580二百年間的七艘沉船作為一手資料，再輔以其他沉船資料作為「明間隔」的現象（亦即上面戴柔星論文提到布朗十五艘船的考古成果）。筆者雖未得聆演講，未知該七艘船為何？但根據她和史坦合著的兩本書《杜利安沉船，一艘在東南亞海域的14世紀沉船》（*Turiang, a 14th Century Shipwreckin Southeast Asian Waters, 2000*）及《馬來西亞海洋考古與沉船陶瓷》（*Marintime Archaeology and Shipwreck Ceramics in Malaysia, 2004*），

泰國鐵繪

尤其是第二本的著作目錄（刪除戴安娜及會安沉船後）及筆者的購置收藏，便可列出史坦打撈出十艘明清沉船如下：

（1）丹絨新班（Tanjung Simpang）960-1127，應為宋元期，沉瓷多已破損。

（2）杜利安（Turiang）1370，應為元末明洪武初期，龍泉窯、泰國鐵繪及青瓷、越南青花。

（3）南洋（Nanyang）1380，泰國青瓷。

（4）龍泉（Longquan）1400，泰國青瓷。

（5）皇家南海（Royal Nanhai）1460，泰國青瓷。

（6）宣德（Xuande）1540，明代青花，泰國鐵繪及青瓷。

（7）新泰（Singtai）1550，泰國鐵繪。

❶ 皇家泰國青瓷
❷ 皇家泰國青瓷（底部）
❸ 皇家泰國青瓷碗
❹ 皇家泰國青瓷碗（底部）
❺ 明代萬曆青花軍持
❻ 明代萬曆青花軍持（底部）
❼ 皇家泰國青瓷盤
❽ 皇家泰國青瓷盤（底部）
❾ 明代萬曆青花盤
❿ 明代萬曆青花盤（反面）

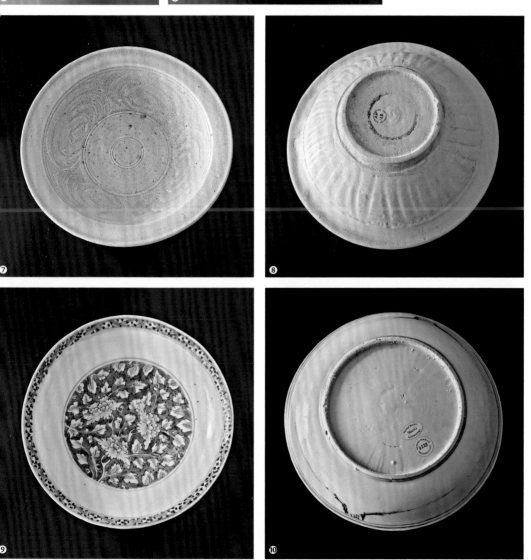

明代萬曆青花克拉克

明代萬曆青花克拉克（底部）

明代萬曆青花克拉克

明代萬曆青花克拉克（底部）

明代萬曆青花克拉克

明代萬曆青花克拉克（底部）

上圖　出島梵文唵字青花大盤（底部）
左圖　出島梵文唵字青花大盤

上圖　出島的清代嘉慶壽字青花大盤（底部）
左圖　出島的清代嘉慶壽字青花大盤

出島的清代嘉慶景德鎮青瓷碗

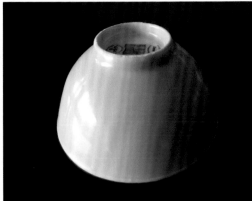

出島的清代嘉慶景德鎮青瓷碗（底部）

出島的青瓷碗三件

出島的青瓷碗三件（底部）

出島的清代嘉慶壽菊青花盤（底部）

出島的清代嘉慶青花壽菊碗

出島的清代嘉慶壽菊青花盤

出島的清代嘉慶青花壽菊碗（側面）

（8）萬曆（Wanli）1625，明代青花軍持、克拉克。

（9）阿南迪斯（Anantes）1700，疑為日本大阪雜貨船。

（10）出島（Desaru）1830，清代嘉慶青花，星輝（starburst）大盤與戴安娜沉船星輝大盤相同，壽字梵文叭字大盤亦相同，應是同一窯址燒製。

再剔除去丹絨新班、阿南迪斯及出島沉船，應該就是布朗講座的七艘沉船主力示範了。

2019年第3屆「故宮亞洲藝術節」在台北故宮南院舉行，便以泰國為主題同步推出「薩瓦蒂泰——故宮泰文化特展」，展覽第一單元除展出樣式豐富的院藏泰國〈青釉小像〉，報導指出「與財團法人成陽藝術文化基金會借展二十二件國內罕見的水下考古陶瓷器。此批器物係於馬來西亞北方海域出水，分屬14至16世紀數艘沉船遺址，包括杜利安沉船、南洋沉船、皇家南海沉船、宣德沉船。」

這些沉瓷，皆應來自史坦的撈獲，信然。台北故宮蔡玫芬研究員有〈水下的遺物・歷史的見證——馬來西亞行洽購沉船遺物〉報告，述及於2015年10月與成陽基金會一起赴馬來西亞四天，選購史坦的「南海水下考古公司」與馬來西亞政府合作下打撈的十艘沉船文物，包括龍泉、德化和廣東、福建陶瓷、越南青花、泰國青瓷及釉下鐵繪、青花玻璃珠。從蔡玫芬與史坦（蔡譯為蕭思丹）四天的交往裡，看出史坦的為人：「蕭先生很善談，接下來從早晨到深夜，我們都在此一邊工作一邊聽他暢談打撈經驗。也使我認識到這位看似粗獷的打撈人員其實對文物真實的歷史角色有相當真摯的情感，這一點使我對他的『考古』態度有了較大的信賴。他說，他不是古董商。所以他可以與大家談海流、海域現象，他看到燒造痕跡，看到船隻裝載方式，推敲文物從製作到販售的各個環節，細膩處如實驗室的學者。」至於他的打撈與銷售都是與馬國合作公開，「蕭先生跟我們談起整個海撈計畫與馬來西亞政府合作的模式，也就是馬國政府的核准中，由蕭氏代為訓練海底考古的工作人員；同時，有博物館人員全程陪同考古與整理，也就是說，馬國政府對出土文物享有優先選擇權，凡是單一件的出土物屬於馬國，凡同類器中最精美或最具歷史意義者屬馬國，同時，馬國享有選擇十分之一文物的權

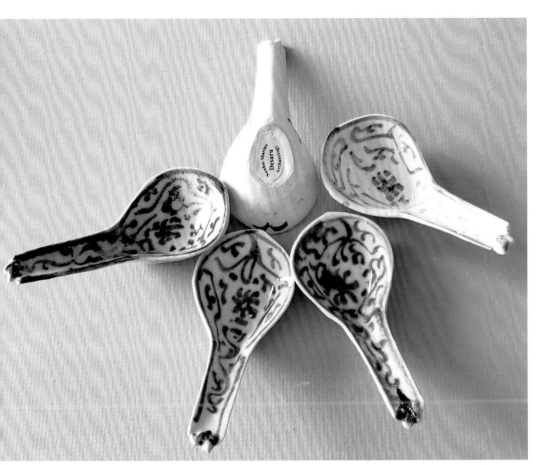

某島的青花湯匙

利。所以蕭思丹的工作空間中有一間專屬馬國政府者。此次我們前往正值回教信徒的齋戒月，因此未能見到休假的博物館員，不過，一些攤在桌面正仍由蕭氏照相整理而貼有馬國標籤的文物，可以顯見該國確實掌握了上述選件的原則。據蕭思丹說，他們與馬國交往，從無隱瞞匿藏事⋯⋯蕭思丹先生及南海水下考古公司是合格守法的生意人，所售文物也都出具其受馬來西亞政府授權的合法證明。不過，他也提到有些公司與周邊國家的糾紛，有時會使購買者或其所購文物在進出海關時增添麻煩，不可不慎。」

第 11 章
聖地牙哥號（San Diego）
——菲律賓沉船

本書前面十章的沉船資料，沒有一艘船能像菲律賓海面與荷蘭戰船交火而沉沒的西班牙「聖地牙哥號」（San Diego）資料來得完整。它的沉沒不是來自天災颱風，或人為意外失火焚燒，而是一艘「馬尼拉大帆船」（Manila galleon）在菲律賓海戰沉沒。這些大帆貨船裝有火炮，行走於中國、菲律賓與墨西哥之間，與明朝萬曆年間的貿易極有關連，所以被誤稱「中國大帆船」（naos de la China），是一種誤名（misnomer）。菲律賓國家博物館指出這艘「聖地牙哥號」是1590年由華人設計，並與菲律賓人建造之重達300噸的商船，後改裝為西班牙殖民地戰艦。1600年

馬尼拉大帆船模型（圖片來源：Franck Goddio, Gabriel Casal, ed. *Treasures of the San Diego*, 1997 ）

12月14日在八打雁省（Batangas）的納蘇格布灣（Nasugbu bay）與荷蘭船海戰沉沒。

1991年一家法國海底打撈公司在納蘇格布灣的財富島（Fortune Island）附近深海發現這艘四百年前的西班牙沉船，隨後菲律賓國家博物館館長卡沙爾神父（Fr. Gabriel Casal）及法國海底考古潛水員高迪奧（Franck Goddio）合作進行水底打撈，三年後沉船出土，三萬多件出水文物中，包括金銀器、青花瓷器、象牙、錢幣（西班牙金、銀幣及兩枚萬曆通寶，兩枚柔佛蘇丹金幣）、日本刀劍零件（刀鐔）、火炮、砲彈、頭盔（morions）及大量馬塔班（martaban）儲物繫孔大罐。馬塔班原是阿拉伯文讀音，為緬甸南部勃固海灣（Gulf of Pegu）旁的城鎮，曾

❶ 頭盔　❷ 日本刀劍零件（刀鐔）　❸ 銀酒杯　❹ 西班牙金、銀幣　❺❻ 柔佛蘇丹金幣　❼❽ 萬曆通寶（本頁圖片來源：Franck Goddio, Gabriel Casal, ed. *Treasures of the San Diego*, 1997）

為緬甸一個小王國都城，出產陶瓷，也是海貿中心，明朝時代為泰國管轄，成為泰國、柬埔寨、中國及緬甸的貿易轉運中心。

　　馬塔班大罐也許原是緬甸馬塔班市製造，專為盛物之用，包括盛載食水、酒、油、香料、醃漬，甚至用來藏儲易破的輕薄瓷器。中國出產的馬塔班多來自廣東福建、江浙一帶，釉汁深褐或淡青，豐盈欲滴，罐身常帶粗描紋飾，肩帶繫孔，以便封口後用繩索緊繫，多為二、四或六繫。

　　沉船文物在1997年出國在紐約、馬德里、柏林、巴黎等地展覽，並由戴浩石（Jean–Paul Desroches）、卡沙爾、高迪奧共同出版一本厚達三百七十九頁的《聖地牙哥號珍寶》（*Treasures of the San Diego, 1997*），資料齊全，圖文並茂。

　　那麼菲律賓如何成為西班牙的殖民地？又如何成為西班牙轉口貿易的關鍵地區？那就須從羅馬教廷的「教皇子午線」（Papal Meridian）起，1492年哥倫布船隊自西班牙出大西洋航行，發現新大陸，葡萄牙認為哥倫布發的大陸屬葡萄牙，兩國爭執打到羅馬教廷，1493年羅馬教皇亞歷山大六世（Alexander VI, 1492–1503）遂把地球瓜分成兩塊由西班

❶ 馬塔班貯物繫孔大罐　❷ 馬塔班陶罐　❸ 馬塔班盛物用大罐　（1-3 圖來源：Franck Goddio, Gabriel Casal, ed. *Treasures of the San Diego*, 1997）

牙和葡萄牙殖民地各自建立起的分界線，規定大西洋以西兩個群島（亞速爾群島和佛德角群島）370英里外的子午線為分界線，把該線以東的一切殖民土地「保教權」（Patronatus missionum，宣導基督教義，包括任命主教和劃分教區的權利）劃歸葡萄牙，以西的一切殖民土地歸西班牙。

15世紀西方殖民主義國家狂妄猖獗可見諸這條「教皇子午線」的世界劃分，子午線幾經爭執，1500年葡萄牙占領南美原屬西班牙的巴西，1522年麥哲倫（Ferdinand Magellan）為西班牙國王效力，繞過了南美洲，橫渡太平洋，侵占屬於葡萄牙拓殖範圍的菲律賓，最後西班牙獲得獨占南美洲的權利，但巴西屬葡萄牙。原屬葡萄牙的菲律賓，則轉屬西班牙，這就是今天南美洲為何只有巴西說葡萄牙文，菲律賓說西班牙文的原由。

於是西方船隻駛向東南亞產生兩條航線，一條是1497年葡萄牙的達伽馬（Vasco da Gama）從大西洋繞過非洲好望角，進入印度洋，抵達印度及東南亞，控制麻六甲海峽直抵澳門（葡萄牙航海家狄亞士Bartolomeu Dias早已在1487年取此航線抵達澳門）；另一條是麥哲倫自西班牙往西從南美洲最南端的麥哲倫海峽繞向太平洋（此洋也是他的命名），直抵馬來半島及菲律賓群島（當時稱東印度群島East Indies，概括

作者自藏的大罐

菲律賓群島及印度尼西亞群島，因為哥倫布把新大陸當作印度，駛往中南美洲群島稱西印度群島 West Indies）。兩條航線殊途同歸，終於證明地球是圓的。

哥倫布發現新大陸後，西班牙在南美建立殖民地，在秘魯的波托西（Potosi，現是在玻利維亞）山城，找到蘊藏量豐富的銀礦，1565年波托西的白銀產量突飛猛進，西班牙人開闢了一條利潤頗高的貿易路線，就是利用「馬尼拉大帆船」裝載大量來自波托西及墨西哥阿卡普高（Acapulco）的白銀到馬尼拉，再航往中國進行交易，包括香料、瓷器、絲綢和象牙，然後把這些商品轉運至墨西哥和歐洲。

菲律賓本身原無太多生產資源，隨著西班牙與中國明朝貿易，陡然攀登成一個戰略性的貿易港位置，加上南邊摩鹿加香料群島（Molucca, the Spice Islands）的香料貿易提供，馬尼拉成為西班牙殖民政府的掌上明珠。葡萄牙人因地利及貿易航線之便，很早便派出遠航艦隊攻佔香料群島，並以絕對武力在東南亞大肆殖民，壟斷歐洲香料市場。西方殖民以

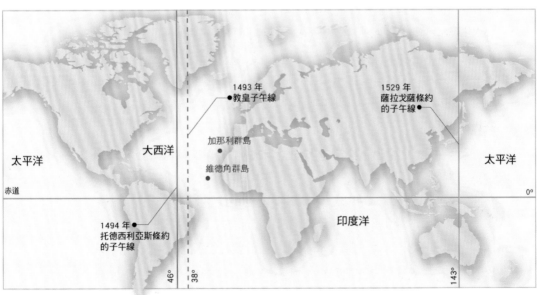

教皇子午線示意圖

美洲殖民地所屬示意圖，藍色為西班牙所有，綠色為葡萄牙所有

來，摩鹿加群島最早被葡萄牙控制，最後才落入占領印尼爪哇島的荷蘭
人手中。

　　1573年7月1日，兩艘滿載中國貨物的馬尼拉大帆船起航，船上運載
的貨物除了中國絲綢、中國瓷器，還有成捆的生絲和大量的天鵝絨、麻
布、各色白棉布等紡織品。五個月後，船隊抵達阿卡普高港，上岸後取
陸路經墨西哥城抵達大西洋岸港口，素有東方門戶之稱的韋拉克魯斯港
（Veracruz），再上船航越大西洋抵達歐洲諸國。

　　太平洋首航獲得了成功後，馬尼拉大帆船在這條航道上絡繹不絕把
中國絲綢、瓷器、漆器、茶葉、扇子、梳子運送往拉丁美洲，再把西班
牙鑄造專用於外貿的雷阿爾銀元（El Real de a 8）運到馬尼拉，通過商

船運往中國，這種成色固定在0.931的銀幣，受到需求甚殷的明代王朝長期歡迎，直接轉為中國銀錠。

菲律賓與墨西哥（馬尼拉與阿卡普高）的貿易線活躍於中國明清兩朝長達兩百四十年之久，居住在馬尼拉的西班牙人日用品也需要中國供，包括不可或缺的瓷器。據稱馬尼拉國立博物館曾復原了一套聖地牙哥號上西班牙人使用的餐具，其中除刀叉、酒杯為銀和玻璃器外，其餘碗碟、酒、水壺均為青花瓷。1595至1603年任菲律賓最高法院院長、代理總督的安東尼奧·德·莫卡（Antonio de Morga）曾經感嘆「假如沒有中菲貿易，菲律賓群島便無法維持。」但他仇視華人，曾把一千七百名華僑驅逐出菲律賓。

莫卡就是指揮聖地牙哥號作戰的指揮官（admiral），高迪奧在《聖地牙哥號珍寶》一書內非常詳盡地利用歷史檔案館交代西荷戰船情況及兩個船長，西班牙的莫加及荷蘭的奧利佛·范·諾德（Oliver van Noort），作戰簡述如下：

> 1600年12月兩艘荷蘭船「模里西斯」號（Mauritius）與「和諧」號（Eendracht）開進馬尼拉海灣，這船隊兩年前從荷蘭出發，共有四艘船和兩百四十八名水手，任務是探索貿易路線，抵達馬尼拉海灣時，只剩下兩艘船和九十名水手，但出海飄流太久，眾人疲乏不堪，兼缺糧水，打算停歇補充，因是商船，船艙大甲板小，並非全部武裝。他們前來菲律賓海域犯了大忌，西班牙人豈容荷蘭人染指？早期葡萄牙與西班牙海上稱霸，壟斷東南亞海上貿易，荷蘭船於1595年欲駛入里斯本通商皆被拒，一直到1602年成立荷蘭東印度公司揚帆四海後，1604年才在阿姆斯特丹舉行第一次公開大銷售。

1600年來到菲律賓這兩艘船當然不放在西班牙人眼內，從馬尼拉出海挑戰是兩艘西班牙船「聖地亞哥」號（San Diego）和「聖巴托洛米奧」號（San Bartolomeo），聖地牙哥號滿載貿易貨物，被毫無海戰經驗的莫卡徵用加入戰鬥，船上四百五十名武裝人員有西班牙人（包括一些貴族子弟）、菲律賓人、非洲黑奴、日本傭兵。荷蘭模里西斯號指揮官諾德則不同，原是鹿特丹一家酒館老板，精通航海技術。

莫卡指揮這次戰鬥只是為了贏取西班牙國王菲利普二世的封賞，讓他到墨西哥高官厚祿，坐享清福。馬尼拉軍民都知道他沒用，千方百計逃役此次戰鬥。戰船裝備也有問題，聖地亞哥號長度115英尺，重300噸，裝載十四門大炮、一百二十七桶火藥、數千枚炮彈子彈、數百罐食物，還有隨船攜帶的中國瓷器貨品和幾百名人員。目擊者稱，船離港時已嚴重超載不平衡，水位升到炮口。由於過重，開戰時大炮打不出去。

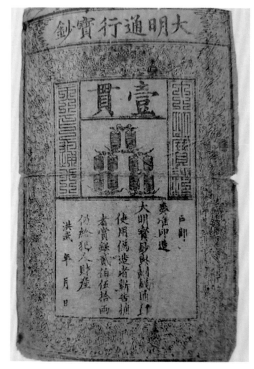

大明通行寶鈔

由於火力不足，幸好荷、西兩方實力懸殊，荷弱西強，莫卡決定人多勝人少，率領眾人攻上模里西斯號，成功占領該船，以上是莫卡個人呈報西班牙國王的報告，其實捏造軍情。據兵士船員口供，他留在聖地牙哥號甲板哆嗦抱著一塊床褥保護自己，六神無主，聖地牙哥被炮火擊中後開始漏水。但荷蘭人終於寡不敵眾，要求有條件投降，聖地牙哥遂鉤著敵船下錨，然後眾人登船，隨即莫卡與手下發生爭執，荷蘭人趁機反抗，諾德船長施展海戰技倆，故意在模里西斯船上放火，煙霧彌漫，看似焚燒自沉。鉤著繩索相連的聖地牙哥頓時陷入兩難，一起同歸於盡還是切斷繩索脫離回航？莫卡終於選擇切斷繩索，帶著擄獲荷蘭船的兩面軍旗（standards）回航，嚴重超載又漏水的聖地牙哥號在回航財富島途中遽然沉沒，數百人卸掉沉重的盔甲赤裸跳落水中，游向模里西斯號求救，當時該船已經迅速熄滅火焰，有些人爬上船邊遭荷蘭人以矛刀砍

景德鎮民窯燒製的青花瓷

雲龍玉壺春

青花將軍罐

青花軍持

（本頁圖片來源：Franck Goddio, Gabriel Casal, ed. *Treasures of the San Diego*, 1997）

殺，有些人游泳中途乏力，碧海沉骨，更有許多傷兵無法行動，隨船沉沒，包括不肯離船，一直替傷兵施行臨終聖輔的西班牙神父。據說莫卡背著兩面荷蘭軍旗在海上游了四個小時才回到財富島，自是一派胡言，他是坐在大副的小艇逃回，再編造一個完整謊言騙上瞞下。幸喜這場戰役倖存的人回到馬尼拉，分別在口供（testimony）說出真相，並以1992年被高迪奧從菲律賓及西班牙搜尋出來的陳年檔案資料揭露出來。

有關沉船的外貿瓷器部分，由法國吉美博物館前館長戴浩石抽樣介紹，一般沉船撈獲，最大挑戰就是決定沉沒年代及年分，既然沉船有兩枚萬曆通寶，而且1600年海戰亦已確實，terminus ante quem（不可能早過limit before which）絕對無疑。

說到兩枚萬曆通寶銅錢，便牽涉到明朝幣制改革及為何亟需西班牙白銀。洪武八年（1375）朱元璋追隨元朝紙鈔「中統元寶鈔」幣制，一度發行「大明通行寶鈔」，然而沒有儲備知識，濫發紙幣，寶鈔迅速貶值，同時由於煉銅技術迅速發展，銅錢也在貶值，朝廷更沒有完善的貨幣制度，也沒有貴金屬如黃金、白銀作儲備金，紙鈔推行不久後便引發通貨膨脹，在這情況下，民間自發找到一種稀有金屬貨幣，那就是白銀，促使民間暗中以白銀交易。到了萬曆年間，張居正改革稅法，使用白銀計稅，就是反應社會實際趨勢，讓政府確立白銀的法定貨幣地位。

中國不是產銀國家，錢幣鑄造皆以銅鐵為主，民間白銀交易並不能完全解決白銀貨幣化，一直要到隆慶

青花大罐

1567年解除海禁，史稱「隆慶開關」，海外貿易方才鬆綁活躍，引起大航海時代西方國家的連鎖反應，西班牙從南美洲屬地採掘回來的白銀，源源不絕用來購買商品而流入中國，替明朝推行白銀貨幣化提供必要的白銀儲備，成為首要流通貨幣，加入全球白銀貿易經濟的共同體。海外貿易的興起，巨額白銀的利潤，改變中國以農為本的觀念，中產階級商人大量產生，利用海運促進商品在全球靈活轉銷。外貿瓷中，明朝青花最讓西方傾心，即使近年追溯到元代至正年青花瓷在伊斯蘭蘇丹國家的收藏，但明代永樂以降到萬曆大量出口東南亞與西方的青花外貿瓷，當年不僅替大明皇朝充實白銀國庫，更讓西方驚艷及樂意購買作為使用器具。

克拉克青花大盤

茄子蟠螭水注

青花中空長瓷盒

　　聖地牙哥號撈獲的青花瓷全部是景德鎮民窯燒製，如杯碗、大小罐、克拉克大盤、玉壺春、蒜頭瓶、將軍罐、茄子蟠螭水注、軍持、長瓷盒（中空，用作調味或奶油盒，並非間隔文具盒），多為一般富貴人家使用的家庭餐具（tableware）。但因為沒有公開拍賣，也就沒有拍賣目錄圖片參考，流傳在外的聖地牙哥沉瓷資料也就更稀少了。

第 12 章
「利娜沙洲」沉船
——Lena Shoal Shipwreck

　　菲律賓是一個群島國家，共有大小島嶼七千多個，有「千島之國」之稱，1490年左右有中國福船（自福建出洋的大商帆船）在巴拉望群島（Palawan archipelago）的布蘇安加島（Busuanga）附近沉沒，沉船地點在當地稱為利娜礁石沙洲（Lena shoal），所以遂把沉船呼作「利娜沙洲」。1490年相當於明朝弘治時期（1470-1505），雖有所謂弘治中興，但晚節不保，國勢不振，一直要到16世紀隆慶（隆慶開關）、萬曆兩朝才是海外貿易的大變改時期。海外私人貿易獲得合法地位，東南沿海的海外貿易再次迅速興起，但這項政策只開放了一處口岸，而且只允許泉州和漳州的商人對外貿易，因而漳州月港成為海貿進出繁盛的港口，從1567年隆慶開關到1644年明朝滅亡的七十多年間，海外流入大明國的白銀總數大約為3億3000萬兩，相當於當時全世界生產的白銀總量的三分之一，並且全球三分之二的貿易與中國有關，可見除了永樂鄭和七下西洋，繼之而起的明朝海外貿易氣勢之盛，聲譽之隆。到了萬曆年間，廣東、浙江、福建官方市舶司無視朝貢貿易規矩，准許非朝貢商船入口貿易，更促進私人海外貿易迅速發展，大量中國商船出海航遍東半球各大洋洲，把東南亞國家（包括不屬麻六甲航線的菲律賓）組成一個貿易網絡，甚至擴展入中東伊斯蘭教國家及東非。

　　法國海底考古潛水員高迪奧（Franck Goddio）成功打撈起「聖地牙哥號」沉船後，1997年餘勇可賈再與菲律賓國家博物館合作，在充滿海礁和沙洲的157.4英尺深海底發現「利娜沙洲」沉船。據高迪奧指出，這片海域最淺暗礁距離水面有23英尺，根據這艘沉船大小來看，當時的吃水深度可能不超過8英尺，最多10英尺。說明了該船可能遇到一場暴風

雨，在水中形成了一些深海槽，導致船身傾斜撞上礁石而沉沒。

　　根據「利娜沙洲」航程及載運貨物來看，包括大量晚明瓷器（青花、龍泉、閩粵粗瓷）及銅器、鐵錠、連環黃銅捲（並非明代的金臂釧）、生鐵大鑊等其他各類商品，應是從浙江或福建港口起航，再前往華南地區，加載各類馬塔班罐，然後航往暹羅及安南港口，購買泰越窯青瓷盤碟小罐，同時也可能到過馬來半島購買錫錠。這艘船沿著中國邊界航線航往東南亞，最終目的地應是麻六甲，再將貨物轉口到中東地區。

　　但在菲律賓巴拉望（Palawan）省東北部發現這艘沉船卻出人意料，其沉址距離麻六甲海峽有2000多海哩之遙，也許這批貨物原要南下前往菲律賓群島各個穆斯林蘇丹國、婆羅洲或摩鹿加香料群島，甚至橫過阿拉伯海，遠及波斯灣的霍爾木茲海峽（Hormuz）及亞丁灣（Aden）的海港也未可知。

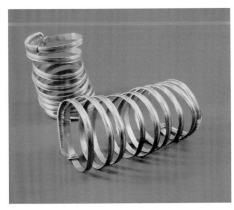

明代雙金臂釧

連環黃銅捲

泰越窯青瓷盤碟小罐（本頁圖片來源：Frank Goddio, *Lost at Sea, The Strange Route of the Lena Shoal Junk*, 2002）

《碧沉大海》一書書影

怪不得高迪奧編著該沉船及沉瓷的研究巨著《碧沉大海》（Lost at Sea, 2002, London）一書的副題是「利娜沙洲福船的怪異航線」（The strange route of the Lena Shoal junk）。該書共七章，除高迪奧本人外，並敦請專家分別撰寫明代外貿及沉瓷研究。

　　也許沒有公開拍賣，早在西元2000年高迪奧便聯同戴維德基金會研究員畢京陶（Stacy Pierson）及法國國立藝術館館長柯立克（Monique Crick）共同出版一冊《沉寶：利娜船貨的15世紀中國陶瓷》（Sunken Treasure: Fifteen Century Chinese Ceramics from the Lena Shoal, 2000, London）沉瓷目錄，圖文並茂，解說清淅，以晚明青花、龍泉青瓷為主，僅有一頁五彩鴛鴦酒壺，表現出其獨特造型與釉色。

　　該稱為酒壺的鴛鴦瓷具闊14.5公分，鴛鴦交頸合為一壺體，僅剩單一鳥頭嘴喙作流口，細小流口可能並非酒壺口，而是水注。整個壺身繪以五彩水藻蓮池，壺蓋作蓮蓬型，整體豐滿祥和，充滿幸福氣氛，是難得一見的五彩民窯風格。鴛鴦水注非常流行於15世紀明代青花瓷器，沉船其他鴛鴦水注有一只高11公分，有蓋，雙鳥頭，僅一鳥頭嘴喙作流口，全身以青花釉繪羽毛雙翅，鳥容憨厚可愛，鳥身圓滑趁手。另有鴛鴦水注更是有趣，但見兩鳥面對面，嘴啄相觸，相親相愛，流口就自觸處開出，鳥頭滿藍釉，留青白眼睛，領下羽毛藍白如織錦鱗片，鳥身留白。惜是五百多年沉瓷，釉色消褪，美中不足。

　　由此看來，「利娜沙洲」就是弘治青花瓷的一個時光膠囊，《碧沉大海》把沉瓷分成多種類型：

（1）執壺，水瓶及軍持

　　此類盛酒執壺粗頸、大腹、長流彎嘴，流彎處有支撐（strut）連接壺身，粗頸飾以芭蕉葉，肩膀鋪陳如意雲肩，壺腹開光描繪纏枝番蓮。

壺體交頸合一的鴛鴦瓷酒壺

面面相覷的鴛鴦水注

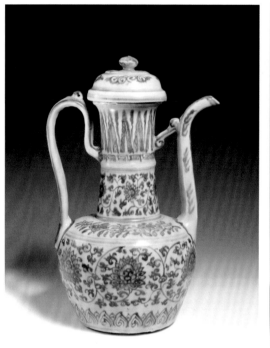

左上圖　盛酒執壺
右上圖　盛水瓷瓶
左下圖　弘治軍持
右下圖　明　青花罐

盛水瓷瓶也是沉船稀品，造型像一個大沙漏（hourglass），寬窄又寬窄，瓶首寬闊以便倒水，頸窄以便握持，腹圓大，用來盛水，每段寬窄均飾以花卉或靈芝，器體應是分段堆胚再連接，明代此類青花盛水瓶造型面世不多。

青花帶蓋橢圓瓷盒

軍持雖為水器，但多用在佛教儀式，弘治軍持追隨宣德青花軍持風格，敞口長頸圓腹，肩腹間有傾斜向上的奶管狀直流，瓶身描繪纏枝番蓮。沉船亦載有越南青花軍持，釉色淡而淺藍，紋飾簡潔，與會安沉船軍持風格相同。

（2）青花罐

明青花罐常帶元代至正年的青花痕跡，罐肩飾以如意雲肩，罐身纏枝花卉。小罐為東南亞客戶熱門商品，但沉船明代青花小罐卻釉色漫漶，遠不及同船，泰國青釉或越南青花小罐。

（3）青花瓷盒

這是最具特色的沉船青花帶蓋橢圓瓷盒，可分兩種，第一種體型較圓大，蓋分兩層，盒蓋下留在盒身淺盤，可以盛物。第二種是裝放文房四寶的筆盒，分格裝放水墨毛筆。這種長型橢圓筆盒應是來自中東穆斯林國家長型合金盒子影響，惟中東合金盒子並無分格，或許阿拉伯書寫用具各異，裝置各物並不限於文房用具，黃銅合金盒子蝕刻紋飾，瑰麗堂皇，有如錯金錯銀。

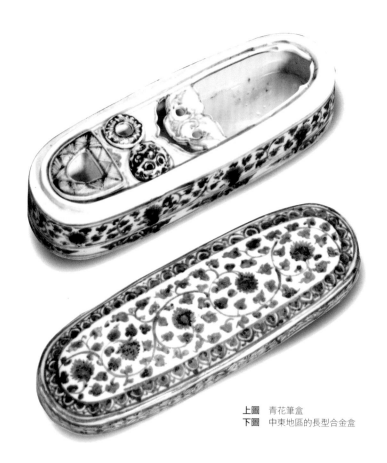

上圖　青花筆盒
下圖　中東地區的長型合金盒

折沿向外的青花大盤

（4）折沿青花大盤（Plates）

　　沉船撈獲十六隻此類折沿向外的青花大盤，頗為稀有，應是用兩種
盤模壓製合成，邊緣向外突出，外翻折出一周窄沿，一般都會有一道較
硬的轉折線，做成盤內廣闊的凹入空間，利用這空間大量圖繪，襯托出
中心圓型（roundel）的主題紋飾，豐滿圖案之餘，更能保護盤內湯汁不
會外濺。主題紋飾多取蓮池鴛鴦，白鷺鷥。也有以多組如意雲肩開光，
分描各類鳥獸花木，構圖設計巧妙，亦為入清後的圖案典範。

「波濤飛象番蓮纏枝」青花大碟

現存於江西景德鎮陶瓷考古研究所的青花大碟

（5）大型青花大碟（Dish）

　　沒有特別折沿外翻的平面大碟，主題更是多姿多采，如海外三仙山，魚龍曼衍，離奇變幻，也含藏傳佛教影響，如金剛杵圖案，帶動晚明天啟，崇禎入清過渡期（interregnum）的風格特色。其中更有被菲律賓國家博物館視為國寶的「波濤飛象纏枝番蓮」青花大碟，據云傳世只有兩隻，其一即屬利娜沙洲沉瓷，另一現存景德鎮陶瓷考古研究所。

（6）青花碗

　　青花盤碗為沉船最大宗瓷器商品，但僅撈起三百五十七隻（筆者

上、下圖　作者自藏的蜂巢金剛杵碗

存疑，也許被漁民盜撈甚多），碗分大、中、小三型，充分代表晚明青花瓷碗風貌，市面流傳最廣的有「蜂巢（或金錢）金剛杵」碗及「騎馬人」碗，沉船各碗均內外描繪紋飾，或海螺，或飛馬，或纏枝番蓮，或靈芝，或梵文。

（7）龍泉青瓷

浙窯龍泉名滿天下，利娜沙洲僅撈獲三十七隻，大盤多為牡丹暗花。龍泉三青色，粉青、豆青、梅子青，這批大盤多為深綠豆青及微帶金黃的梅子青。

浙窯龍泉大盤

左、右圖 馬塔班大罐（圖片來源：Frank Goddio, *Lost at Sea, The Strange Route of the Lena Shoal Junk*, 2002）

（8）越南泰國瓷器

越南青花除前述軍持外，尚有青花小罐，然數量與品質遠不及泰國青瓷小罐及青釉盤碗，可惜撈獲數量不多，不及本書第十章瑞典潛水員史坦撈獲兩艘「萬曆」，「龍泉」沉船的泰青瓷。

（9）馬塔班罐

沉船囊括中、越、泰三地盛水載物的馬塔班大罐，可作比較研究，然大同小異，僅能引證三地燒製這類陶炻罐已臻達同一水平，難分伯仲。

國家圖書館出版品預行編目資料

沉船外貿瓷/張錯著. -- 初版. -- 臺北市：藝術家
出版社, 2021.07
176面；17×24公分
ISBN 978-986-282-276-0（平裝）
1.海底古物志 2.考古學 3.瓷器

798.9   110007418

沉船外貿瓷

張錯／著

發行人　何政廣
總編輯　王庭玫
編　輯　周亞澄、李學佳
美　編　張娟如、吳心如
出版者　藝術家出版社
　　　　台北市金山南路（藝術家路）二段 165 號 6 樓
　　　　TEL：（02）2388-6715 ～ 6
　　　　FAX：（02）2396-5707
郵政劃撥　50035145 藝術家出版社帳戶

總經銷　時報文化出版企業股份有限公司
　　　　桃園市龜山區萬壽路二段 351 號
　　　　TEL：（02）2306-6842

製版印刷　鴻展彩色製版印刷股份有限公司
初　版　2021 年 7 月
定　價　新臺幣 360 元
ISBN　　978-986-282-276-0（平裝）

法律顧問　蕭雄淋
行政院新聞局出版事業登記證局版台業字第 1749 號